短くても世界旅行気分「大塚国際美術館」(P218)

好きなときに好きなところへ「武田尾温泉」（P74）

話題の場所こそ自分の目で
「メタセコイア並木」（P71）

四季折々の自然に触れて
「赤目四十八滝」（P48）

季節に合わせた
お出かけ先を
「和束の茶畑」
（P152）

日本の美しさを再発見
「美山かやぶきの里」
（P28）

胃袋でも観光する
「百舌鳥・古市古墳群」
（P263）

名物料理は
押さえておきたい派
「大神神社」（P176）

大人の旅なのです
「箕面ビール」（P161）

食べきれなくても一人旅「大和郡山」(P119)
※「とんまさ」若鶏かつ定食(大)

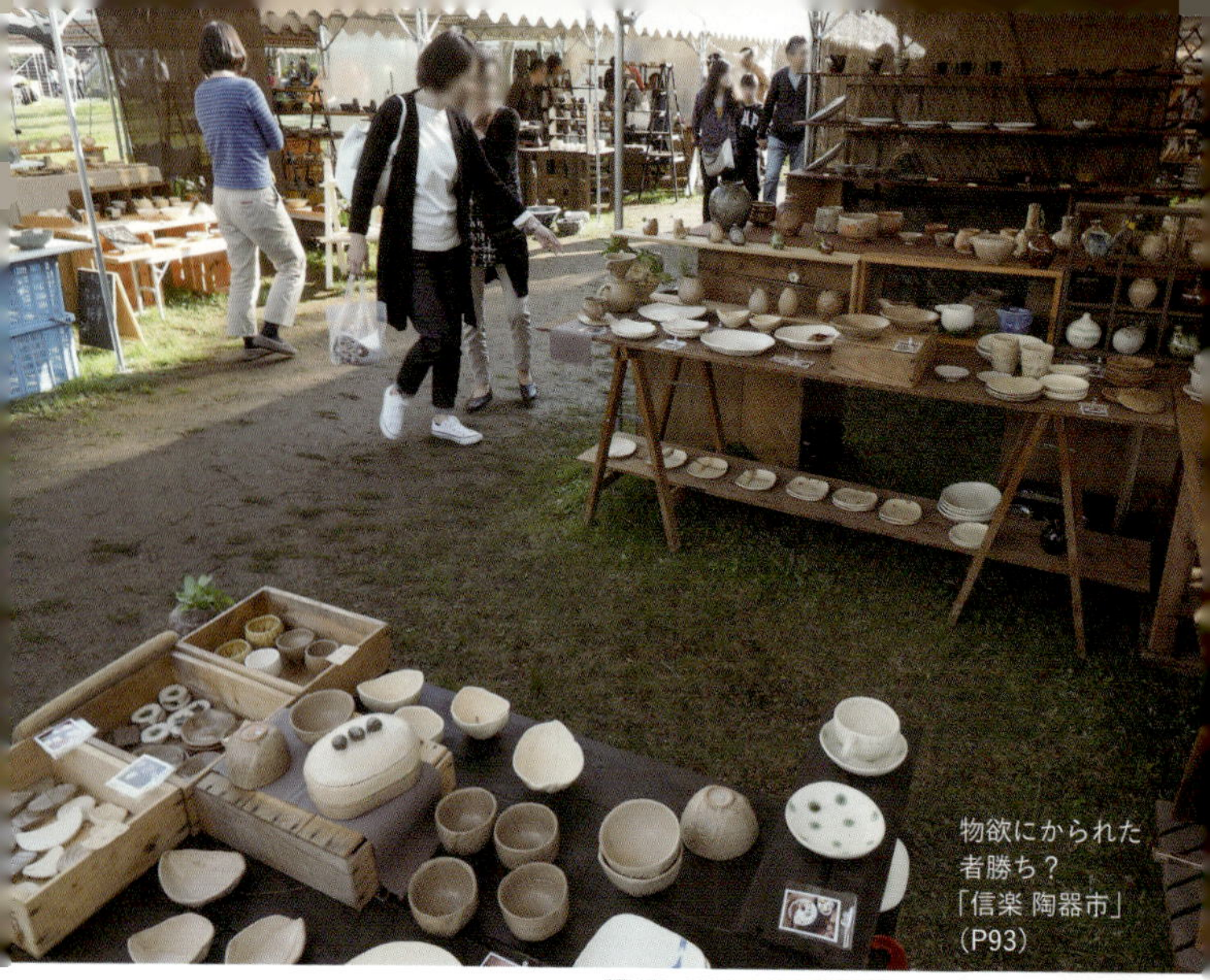

物欲にかられた
者勝ち？
「信楽 陶器市」
（P93）

想定外な旅が思い出になる
「鞍馬寺」（P192）

ときにはプチ冒険気分で
「友ヶ島」（P16）

目がけて行くから
価値がある
「左義長まつり」
（P104）

とことん趣味に走るのだ
「海洋堂フィギュアミュージアム」
（P208）

自分にとっての聖地を巡る
「九度山」（P250）

おもしろスポット
は案外近場に
「京都国際マンガ
ミュージアム」
(P246)

知りたいから行ってみる
「サントリー山崎蒸溜所」
(P162)

大人も修学旅行
「キトラ古墳壁画体験館」
(P235)

京阪神発 半日旅

吉田友和

ワニブックス
|PLUS|新書

はじめに

一回でも多く旅したい

忙しい日常の中で、突然フッと空き時間ができることがある。

どこかへ行きたいけれど、泊まりがけで出かけるほど余裕はない。かといって、家でマッタリするのもなんだかもったいない。

そんなとき、僕は近場でおもしろそうな場所を探して旅に出る。

行き先はさまざまだ。自然を求めて海や山を目指したり、ご当地グルメを目的としたり。そのときどきの気分や季節、天候状況によって選ぶ。計画性のまるでない思いつきの旅だが、行き当たりばったりだからこそ、これがなかなか楽しめたりもする。

休日の予定が決まっておらず、

「今日はどうしようかな……」

と、朝起きてから思案を始めることも珍しくない。そのままなんとなくダラダラしているうちに、気が付いたらお昼になってしまい、慌てて家を出る、なんてパターンも実は割とよくある。とはいえ翌日は仕事だから、帰る時間が極端に遅くなるのも困る。

つまり、旅する時間自体は結構短いのだ。午後だけだったり、夕方からということもある。正味一日も旅していないわけで、「日帰り旅」と言うよりは「半日旅」とでも呼んだほうがしっくりくる。

本書は、そんな気まぐれな我が旅を紹介する一冊である。

時間があまりなくても旅は可能である。どんなに忙しくても、半日ぐらいならば自由な時間は確保できるのではないだろうか。

週末だけで海外旅行をするというライフスタイルを長年続けてきた。わずか十日間で世界一周をしたこともある。日本国内になると、さらに短期であちこち行ったり来たりしている。我ながら、忙《せわ》しない旅ばかりだなあと苦笑する。

質よりも量を重視する旅人でもある。いや、この場合「量」というよりも、「回数」と言い換えたほうが言葉の使い方としては正確かもしれない。何のことかというと、旅の頻度についてだ。たまに豪華な旅をするよりも、ひとつひとつは質素でもいいから、とにかく回数多く旅ができればと願う。

トータルの日数が同じだとしても、まとめて旅するよりも、分割したほうがお得感がある、などということを本気で考えてしまう人間である。たとえば三泊四日間の旅を一年に三回するのならば、二泊三日の旅を四回したい。あるいは一泊二日ならば、六回も旅ができる、といった具合に。

ここ数年は、宿泊を伴わない旅が増えている。二泊三日や一泊二日どころか、日帰りである。それも前述したように半日旅が圧倒的多数だ。

短い旅とはいえ、旅であることに変わりはない。どこかへ移動して、観光する。食事をして、ときには買い物もする。ただそれだけなのだが、何らかのアクションを起こすことで少なからずドラマが生まれる。それらがかけがえのない思い出として自分の中に残り、結果的に日々の生活にいい刺激となる。

短いからこそ、そのぶん旅の密度が濃くなるのだとも言える。

――わずか半日でどこまで行けるのか。

――どれだけ充実した旅ができるのか。

本書ではその辺のテーマにも迫っていきたい。当たり前だが、掲載する場所はすべて僕自身が実際に足を運んだうえで紹介する。単なるスポット・ガイドではなく、旅の模様をありのまま綴っていくので、読み物としても楽しんでいただけると幸いだ。

京阪神発 半日旅 目次

Contents

第1章　自然・景観・庭園

第2章　祭り・文化・温泉

第3章 グルメ・お酒

第4章　神社・仏閣

第5章　ミュージアム・記念館

第6章　城・世界遺産・史跡

第7章　半日旅の心得

必ずお読みください

●掲載データについて

・電話番号＝各施設の問い合わせ用番号です。現地の番号でない場合があります。カーナビ等での電話番号による検索では、実際の位置とは違った場所を示す場合があります。ご注意ください。
・休業日＝原則、定休日のみを掲載しています。年末年始やゴールデンウィーク、お盆や臨時休業などは省略しております。
・料金＝基本的に大人1名分の料金を記載しております。
・アクセス＝電車でのアクセス方法を1点のみ掲載しております。
・移動にかかる時間などは、おおよその目安時間を記載しています。

※本書出版後に、営業内容や料金などの各種データが変更されたり、臨時休業などによりご利用できない場合があります。改めて事前にご確認ください。また、本書掲載の内容により生じたトラブルや損害などにつきましては、補填いたしかねます。ご了承の上、ご利用をお願いいたします。

第1章 自然・景観・庭園

01

友《とも》ヶ《が》島《しま》

異世界感につつまれる「ラピュタ」＋「ドラクエ」っぽい島

和歌山県
和歌山市

友ヶ島へ渡るための船が出るのは、和歌山市の北西端に位置する加太《かだ》港だ。まずは港の最寄りである加太駅まで列車でアクセスするのだが、この移動自体がすでに観光を兼ねている点に注目したい。南海電鉄の加太線（紀ノ川駅から加太駅までの区間）は「加太さかな線」と呼ばれ、その名も「めでたいでんしゃ」という観光列車が走っているのだ。

加太の特産品である鯛をモチーフにした列車で、ピンク色の可愛らしい車体のほか、二〇一七年からは新

めでたいでんしゃに乗車する。吊革部分が魚や蟹の形をしているのに目を奪われた。

たに水色のめでたいでんしゃも登場し、鉄道ファンの注目を集めている。観光列車とはいえ、通常運賃だけで乗車できるのもうれしい。

僕は運行を開始して間もない水色バージョンに乗車してみたのだが、海の中をイメージしたという車内は非常に凝ったつくりで、一瞬にして目を奪われた。吊革部分が魚や蟹の形をしていたりして、細かい部分にまでこだわりが見られる。撮り鉄ならずともカメラを出したくなるような、写真映えする列車だ。

島旅というだけでもうワクワクするのに、加えてそこへ辿り着くまでの行程からして心躍るものがある。時間の無駄がない濃密な体験ができるのは、まさに半日旅向けだなあと感心させられながら終点の加太駅で降り、港へと歩を進めた。

友ヶ島へ行こうと思ったきっかけは、猿《さる》島《しま》という別の島へ行ったことだった。神奈川県横須賀市の沖合いに浮かぶ無人島で、東京近郊では個人的にもとくにおすすめの半日旅スポットだ。猿島は戦時中に軍の要塞だったところで、島には当時の砲台跡などがいまも残されているのだが、友ヶ島もまた同様の歴史を持つ島である。いわば、「関西版猿島」とでもいった位置付けになるから、かねてよりひそかに気になっていたのだ。

加太港から友ヶ島までは友ヶ島汽船が高速船を運行している。島への船は通常は一日につき四往復で、ＧＷと夏季は増便もある。運賃は大人二千円、子ども千円である。ちなみに、これは往復の料金になる。というより、基本的に片道切符は販売していない。島との移動手段は実質この船のみなので、片道というケースはあり得ないのだろう。

船着き場へ到着して、まず驚いたのが乗客の多さだ。どちらかといえばマイナーな観光地なのかなと想像していたのだが……。そういえば近年はネットでも「ラピュタっぽい」島として話題になったりしていたから、人気が急上昇中なのかもしれない。

念のため書いておくと、ラピュタというのは、宮﨑駿監督のアニメ映画『天空の城ラピュタ』のことだ。朽ち果てた遺跡のような光景が、作中に出てくる世界に通ずるものがあるのだという。猿島もまったく同じ紹介のされ方をしていたなあ。

島へと連れて行ってくれる船の名前もなんと「らぴゅた号」らしい。

この島に限らず、ジブリ作品を思わせる風景というのは昔から旅人の間でしばしば噂に上ってきた。中でも最もよく耳にするのが「ラピュタっぽい」という形容である。それだけ琴線に触れる人が多いのだろうか。

いざラピュタ島、もとい友ヶ島へ――。

船の所要時間は約二十分だ。あっという間に到着して、ゾロゾロと桟橋を渡り島へと上陸を果たした。山がちな島だが、この付近は平地で、立派なクロマツが目を引く。

さてどうしようか、と思案して、まずは船着き場でもらってきたパンフレットを開いた。島内の地図と見どころが紹介されている。これによると、島内には二種類のハイキングコースが設けられているようだ。三・三キロの「名所探訪コース」と、六キロの「自然散策コース」なのだが、迷わず前者を選んだ。倍近い距離なのに怯《ひる》んだというのもあるが、主要な見どころがほぼすべて名所探訪コースのほうに位置するからだ。

一緒の船に乗ってきた客は皆このコースを歩くようで、一斉に同じ方向へと進んでいくのを見て、とあるアイデアが頭をよぎった。

らぴゅた号という名前に反応してしまう。そもそも船旅自体、旅情があってとてもいい。

――逆回りしてみようかな。

恐れながら、大名行列のような人の波に着いていくのに抵抗を覚えたのだ。せっかく無人島へ来たのだから、欲をいえば静かに見て回りたい。あえて孤独な世界に身を置くことこそが島旅の目的の一つだったりもする。

幸いにも、このコースはぐるっと一回りする形で、再び元の場所へ戻ってこられるようだった。同じ道を往復するのではなく、一方向へ進んでいける効率のいいコースだ。いちおう地図上では各スポットに順に番号が振られているのだが、逆回りしたとしても別に問題はないだろう。

我ながら、集団行動が苦手なタイプだよなあと苦笑する。

でも、結果的にこの選択は大正解だった。

島には開発されていない、手つかずの自然が残っている。場所によっては鬱蒼とした雰囲気さえ漂う。本州では見たことがないような変わった形の植物も目にする。

想像力をかき立てられる光景である。見え方は人それぞれだろう。サバイバル要素を感じ取る人もいるかもしれないし、ファンタジー世界の登場人物になったつもりで探索するのも楽しそうだ。周りを海に囲まれ、物理的に隔てられた島という空間は異世界感を助長する。少なくとも、現実離れした気分には浸れるはずだ。

そんなところだからこそ、「ほかに人がいるかどうか」は超重要なポイントとなる。得られる体験が決定的に違ってくると言っていい。

島独自の生態系が興味深い。束の間の冒険気分で盛り上がるのだ。

島が要塞だった時代に、駐屯将兵が生活していた宿舎跡も一部残っている。

軍事拠点だったこの島には、計六カ所の砲台跡が見られる。見学するうえでの最大のハイライトは第三砲台跡だ。写真などでよく目にするレンガ造りの遺跡のようなあの風景がズバリここである。要塞のような建物は、中へ入るとスペースが結構広い。当時は弾薬庫として使われていたという。

第三砲台跡に到着。朽ち果てた遺跡のような光景を前にして興奮が最高潮に。

砲台の入口は下り階段になっている。いったん階下へ降りて、地下通路を進んで再度地上へ出ると砲台が設置されていたであろう空間へ出る。個人的に友ヶ島で最も印象に残ったのがこの階段と地下通路だ。目にした瞬間、既視感を覚えた。

「どこかで見たことがあるような……」

地面をそこだけ四角くくりぬくようにして作られている階段。段は等間隔で地下へと続いており、角度は真横から見るとちょうど四十五度ぐらい。

これは……そう、『ドラクエ』の階段にそっくりではないか！　ドラクエといっても最近の作品ではなく、シリーズ初期のドット絵で作られたマップに出てくる、あの特徴的な「階段」である。よく考えたら、ゲーム内でダンジョンの入口がなぜこういう階段の絵になっているのかずっと不思議だったのだが、現実に似たような形をした地下への入口が存在すると知って今さらながらに腑に落ちるものがあった。

このドラクエ風の階段を降りた先に続く地下通路もまた要注目だ。とにかく真っ暗な通路なのだ。単に暗いというよりも、闇と表現したほうがいいほどである。これまた見方によっては、第一作目のドラクエに出てくるダンジョンのようだと思った。ゲーム内では「たいまつ」を使うことで、周囲の数マスの様子が見えるようになる（二作目以降はこの仕組みは省略された）。本当に恐ろしいまでに何も見えないので、スマホのラ

好きに想像を働かせながら楽しむ。僕にはドット絵で表現されたあの「階段」に見えた。

イトをたいまつのように灯して恐る恐る進んだ。なんだか強いモンスターに遭遇しそうな雰囲気だなあと、自分の中で妄想をさらに膨らませたりもした。

第三砲台跡のすぐそばには、将校官舎だったという建物も一部残されている。当時はここに人が暮らしていたのだ。友ヶ島の砲台跡は明治時代に造られたもので、第二次世界大戦まで使用されたが、結局一度も実戦に投入することなく終戦を迎えた。廃墟と化して半世紀以上が経ったいま、再び脚光を浴びている事実が興味深い。

桟橋から辿ってきたハイキングコースはほぼずっと上りだった。思いのほか「山登り」なのでぜいぜい息切れしながら歩いて行くと、第三砲台跡をすぎてさらに登ったところでパッと視界が開けた。遂に頂上へ到達したようで、ホッと一息つく。山

島の展望台から島々を見下ろす。行き交う船も望めた。お弁当を広げるには最高の場所だ。

文句なしに絶景だろう。こうして見ると、山がちな島であることが分かる。

の頂上は展望台になっており、ベンチが設置されている。お弁当を広げている人なんかもいて、羨ましくなった。いやはや、最高のランチスポットではないか。

　周囲に遮るものがないせいか、展望台からの眺めはすこぶるいい。紀淡海峡を眼下に見下ろす、島ならではの絶景である。大小さまざまな島々が望めた。実は友ヶ島というのは複数の島々の総称で、砲台跡のあるここは正式には沖ノ島という。

　スマホの天気予報アプリをチェックしたら、現在地が「洲《す》本《もと》市」と表示された。海を挟んで対岸に見える陸地はなるほど、淡路島である。そういえばドラクエを作った堀井雄二さんは洲本市のご出身だったなあと思い出した。そうなると、やはりあの階段はこの島を参考に……って、さすがにそんなはずはないか。とにかく、ここはもう和歌山よりも兵庫のほうが近いというわけだ。

頂上をすぎると、コースは下り坂に変わった。そのままてくてく歩いて桟橋まで戻ると、ちょうど帰りの船がやってきた。これを逃すと次は三時間も後になるので、慌てて飛び乗った。結局、午前十一時に加太港を出て、帰りは十三時半に友ヶ島を発つスケジュールだったが、滞在時間二時間はちょうどよいボリュームだと感じた。

ついでに淡嶋神社へ立ち寄り、参道にある満幸商店へ。お目当ては山盛りのシラス丼だ。

来る前は関西版猿島を想像していたが、実際には結構違う雰囲気という感想だ。友ヶ島のほうが規模が大きく、より濃密な自然散策を楽しめる。何より、周囲を海や島々に囲まれたロケーションがダイナミックで気持ちがいい。

加太港へ戻った後は、帰る前についでに淡《あわ》嶋《しま》神社に立ち寄った。人形供養の神社として知られ、境内を埋め尽くす雛人形や日本人形に圧倒された。神社の前には港町ならではの海の幸を味わえる食堂も立ち並んでいて、遅い昼食に名物のシラス丼を堪能したりもした。帰路の和歌山までの列車は、またしても例のめでたいでんしゃである。島だけでも満足だが、おまけ要素の充実ぶりにも大いに感激した半日旅となった。

01

友ヶ島

住所
和歌山県和歌山市
加太字苫ヶ沖島2673
（友ヶ島案内センター）

連絡船運航
1日4便運航
水曜運休
（時期により変動あり。
詳しくは友ヶ島汽船㈱
HPを参照）

電話
073-459-1333
（友ヶ島汽船㈱）

料金
2000円（往復）

駐車場
有（100台）

アクセス
南海加太線 加太駅
より徒歩15分
（連絡船乗り場）

02

「まんが日本昔ばなし」のような風景に出会える

美山《みやま》かやぶきの里《さと》

京都府
南丹市

半日旅のときは大抵は電車移動なのだが、この日は珍しく自宅からマイカーで出発した。家族旅行である。仁和寺《にんなじ》の前を通り過ぎ、国道百六十二号線に入った辺りから車窓の風景がドラスティックに変わった。建物などの人工物が減り、代わりに生い茂る樹木の緑色が存在感を強める。スマホが途中圏外のところもあった。都市から山里へ――京都市内を出て北上するコースは初めてかもしれない。

「京都にもこんなところがあるんだねえ……」

ハンドルを握りながら僕がつぶやくと、助手席の妻が目を細めた。京都出身ながら、京都市ではなく長岡京市生まれの彼女にとっては、どこか懐かしさを覚える風景なのかもしれない。京都といっても意外と広く、多様なのだなあと思わされる。

山里らしい自然に心癒やされ、かやぶき屋根の建物に好奇心を満たされる。

今回目指したのは南丹《なんたん》市である。長岡京市など比較にならないほど不便な場所にある。電車が走っていないから、車で向かったのだ。

時速四十キロ規制の田舎道をのんびり走り、いよいよ目的地の美山町へ入った。

この町には数多くのかやぶき民家が残る。中でも有名なのが北集落だ。五十戸のうち三十九戸がかやぶきの屋根で、国の重要伝統的建造物群保存地区にも選定されている。古き良きニッポンを求めて、「かやぶきの里」へやってきたわけだ。

お目当ての集落は、走行する車内からでもすぐにそれと分かった。なだらかな山並みをバックに古民家がぎゅっと密集している。『まんが日本昔ばなし』に出てきそうな風景を目にして、到着早々タイムスリップしたかのような気分になった。

車を停め、集落へ突入する。集落の入口にオールドスタイルな筒型のポストが立っており、いきなりなんだかとても絵になる。とりあえずここで記念写真をパチリ。

小径《こみち》をそぞろ歩いているうちに心が浮ついてきた。水田には紫色をしたレンゲの花が咲き乱れており、流れる水は透き通っている。上空にはトンビが飛び回り、そこかしこからカエルがゲロゲロ鳴く声が聞こえてくるのもまたいい。かやぶき屋根の家々が物珍しいことに加え、里山の風景自体が美しくて心癒やされるのだった。

民家の前に自生していた背の高い葦をパチリ。さりげない存在だが、素朴な風景に似合う。

同じかやぶきの民家でも、建物によって細かなつくりが違うから飽きない。よく見ると五右衛門風呂が置いてある家なんかもあって、そういう些細な発見が楽しい。

庭に大きな葦が植わっている家もあった。関東では「あし」と呼ぶが、関西では「よし」というのだと聞いた。「悪し」だと縁起が悪いから「良し」としたのだとか。

似たような集落としては、岐阜県にある白川郷を思い出す。旅ばかりしていると、ついつい以前に行ったことのある類似風景と比較しがちなのだけれど、白川郷と比べると雰囲気は結構違うかな……という感想だ。まず、こちらのほうが個々の建物のサイズが小さい。また、民家が山の麓の斜面に立ち並んでいるせいで、俯瞰せずとも少し距離を取るだけで集落全体を眺めることができる。

写真に撮るなら、やはり引き目のアングルが美しいかも。その際、もちろん山入りで。

おかげで写真も撮りやすい。この日は天気も最高に良く、そのままポストカードにでもなりそうなほど美麗なカットが何枚も撮れた。集落の中も写真映えする風景のオンパレードで、カメラ好きにとっては被写体の宝庫である。普通の集落で勝手に家の写真を撮っていたら不審者扱いされるところだが、ここではそんな心配も無用なのはうれしい。

ついでに書いておくと、駐車場は無料だし、なんとフリーＷｉ－Ｆｉまで導入されている。美味しいジェラートが食べられるカフェや、天然酵母のパン屋さんもある。僕たちは日帰りだが、民宿もあ

民俗資料館では畳の部屋で寛ぎつつ、かやぶき民家の暮らしに触れられる。

るから宿泊することもできる。集落全体に観光客を歓迎するムードが漂っており、居心地がいい。

欲を言えば、すべての家がかやぶきではない点は残念——それも、集落の最前列の家が普通の瓦屋根だったり——だが、それを言うのは観光客のワガママというものだろう。テーマパークではないのだ。観光地化されてはいるものの、集落には当然ながら暮らしている人たちがいることを忘れてはならない。

集落内にある民俗資料館で話を聞いたら、なおさらそのことを意識してしまった。

かやぶきの里について詳しく知りたいなら民俗資料館へ。入館料は300円。

資料館の屋根裏部屋。この地で使用されていたという農耕器具などが展示されている。

「昔は囲炉裏に火を入れていたから、せいぜい四、五十年に一回ふき直しすれば良かったんです。それがいまはエネルギーが変わったでしょう。二十年に一回のペースでやらないといけない。火を起こした方がススが出るし、乾燥するから長持ちするんですよ」

屋根のふきかえには莫大な費用がかかる。規模にもよるが、それこそ数百万円単位の出費である。かやぶきの屋根を維持するのは大変なのだ。

これは初めて知ったのだが、ふきかえは一度に屋根全体をまるっとやるわけではなく、部分的に行うことが多いのだという。そうすることでコストを抑えることができる。四面ある屋根のうち北側からふきかえる。日光が当たらないため、早く劣化するからだ。

そう言われてから改めて集落内の民家を観察してみ

ると、同じ家の屋根でも面によって色が違うことに気がついた。部分的に新しかったり、古かったりするのだ。

民俗資料館では、農作業の際に使われてきた道具などが展示してあり、集落の暮らしぶりに触れられる。年に二回行われるという一斉放水の写真も気になった。すべての民家には火災に備えて放水銃が設置されている。その点検も兼ねた一斉放水だという。昔ながらの暮らしを営む集落ならではの行事が興味深い。

一斉放水のときには、見物客もたくさんやってくるという。ある種のお祭りのような雰囲気なのだろうか。その日を目がけて行くのも悪くなさそうだ。

02

**美山
かやぶきの里**

住所
京都府南丹市
美山町北

電話
0771-77-0660

駐車場
有

アクセス
JR日吉駅から
バス45分

03

生《い》駒《こま》山《やま》

レトロ遊園地⬇元宿坊で極旨料理⬇ガネーシャの寺へ

奈良県生駒市／大阪府東大阪市［県境］

本書で紹介しているスポットの中でも、どのカテゴリーに入れるかで最も迷ったのがココ。それほどまでに色々な楽しみ方があるのだ。最終的には「山」であることを理由にこの章に収録することにしたが、自分としてはほかの章に入っていても違和感はないほどである。

そもそも、行ってみようと思い立ったきっかけは遊園地の存在だった。その名も「生駒山上遊園地」という。「へぇえ、山の頂上に遊園地があるんだ⁉」と興味を覚えた。うちには二歳になる子どもがいるから、一緒にお出かけするには良さそうなお出かけ先だ。そんなわけで、今回は家族で向かったのである。

生駒山があるのは奈良県と大阪府の県境。標高は六百四十二メートルと、それほど高

駐車場から宝山寺駅までは階段を下っていく。ベビーカーだと少々大変だが景色はいい。

い山ではない。都市から近く、気軽に登れる山ということで、

「関東でいえば高尾山のようなイメージかしら……」

などと想像しながら訪れた。

山頂までは登山道が整備されており、山登りも楽しめるのだが、なにせ子連れ旅である。辛いことは極力避けたいなあと思っていたら、ケーブルカーがあるというので、それに乗っていくことにしたのだった。

何の気なしに乗り込んだこのケーブルカーがいきなりおもしろかった。単なる移動手段ではなく、乗車体験自体がひとつのアトラクションである。

「日本一」の称号を持つケーブルカーだ。作られたのは大正七（一九一八）年。これを執筆している本年、二〇一八年八月には開業から百周年を迎える。国内のケ

ーブルカーとしては、最も長い歴史を持つ。そう、日本一古いケーブルカーなのである。

山の麓に位置する鳥居前《とりいまえ》駅から、遊園地のある生駒山上駅まで行くには、途中の宝山《ほうざん》寺《じ》駅でいったん降りて、別の車両に乗り換えなければならない。なぜそんな面倒なことになっているかというと、遊園地ができたタイミングで増設したからだ。元々は宝山寺駅までの区間しかなかった。

つまり、宝山寺駅を境に二つの別の路線が存在している。宝山寺線と山上線の二つだ。宝山寺線は国内最古であり、日本で唯一複線で運行しているケーブルカーというわけだ。

さらにいえば、日本一ファンシーなケーブルカーだなあという感想も持った。車両が独特のデザインになっているのだ。麓から宝山寺駅までの車両は犬や猫を模したデザイン（そうでない通常車両もアリ）。犬型車両が「ブル」、猫型車両が「ミケ」と愛称もつけられている。宝山寺駅から山頂まではオルガン型車両とケーキ型車両でこれまた目を引く。いずれも思わず写真に撮りたくなること請け合いのユニークな車両である。

今回は乗り換え駅となっている宝山寺駅まで自家用車でアクセスし、生駒山上駅までの山上線の区間のみケーブルカーに乗った。後述するレストランも宝山寺駅の界隈にある。結果的にこの作戦はうまくいった。宝山寺駅から生駒山上駅まではわずか七分。長すぎず、短すぎずでちょうどいい乗車時間だ。駅を出るともうそこが遊園地の入口というアクセスの良さがうれしい。

遊園地の開園は午前十時。僕たちが到着したのは九時五十六分である。到着してすぐに開園時間を迎えた。なるべく空いているうちに遊び倒そうと早くにやってきたのだ。

ケーブルカーの終点・生駒山上駅の改札を出ると、そこがもう遊園地の入口で興奮した。

良くも悪くもレトロムードたっぷりの遊園地である。あえて乱暴に形容するならば「昭和っぽい」雰囲気と言い換えてもいいだろう。山の上という閉鎖された空間ということもあって、タイムスリップしたかのような錯覚さえ覚える。

ジェットコースターのような絶叫マシンが少ないせいもあるだろう。全体的に、昔ながらのどこか懐かしい系の乗り物が多い。これまた東京でいえば、

「浅草花やしき」のようなイメージである。

「生駒山の遊園地ねえ。行ったことあるけど、地味な感じだったかなあ」

などと言っていたのは、京都に住む友人だ。人によってはそういう感想になるのも頷ける。彼のうちは子どもがもう小学生というのもあるかもしれない。ほかの大きな遊園地と比べると、少なくとも派手さに欠けるのは確かだ。

翻って僕自身――加えてうちの妻も――はどうだったかというと、その友人とは全然違った感想である。実は、逆にかなりの好印象だったのだ。大物アトラクションこそないものの、だからこそ全体的に対象年齢も低めである。まだ二歳と幼いうちの子どもには、むしろこれぐらいがちょうどいいと感じた。

料金がリーズナブルなのもありがたい。僕たちは「のりもの券」十二回分が付いて三千三百円の「とくとくチケット」なる回数券を購入した。一回あたり三百円もしない計算だ。乗り放題のフリーパスもあるのだが、我が家の場合には回数券で十分だった。ちなみに遊園地への入場自体は無料である。

そして、これがこの遊園地の最大のポイントなのだが、見晴らしがとにかく最高であ

サイクルモノレールで空中サイクリング。遊園地込みで麓の街並みを望める。

る。さすがは山の頂上、下手な展望台よりもずっと抜けのいい景色が見られる。眼下には街並みが拡がり、遠く彼方には大阪中心部のビル群も望めた。

キャッチコピーを付けるなら——絶景すぎる遊園地。

とくに感激したのが、「サイクルモノレール」というアトラクションだ。園内をほぼぐるりと一周する、足こぎ式のモノレールなのだが、レールが高い位置に設置されており、恐ろしく眺望がいい。山の頂上よりもさらに高い位置から見下ろせるため、神になったような気分に浸れる。子どもはちょっぴり怖がっていたが……。

絶景遊園地を後にして再びケーブルカーで下山する。次なる目的地はランチスポットである。この日は宝山寺駅近くにあるレストランを予約していた。「ナイヤビンギ」という名前の店なのだが、ここがまた自分としては感動的大ヒットな店だった。冒頭でカテゴリー分けで迷ったと書いたが、実は最初はこの店をメインにしてグルメの章で取り上げようかと考えたほどなのだ。

店がある宝山寺は、生駒山の中腹に位置し、同名のお寺を中心に発達したエリアだ。いわゆる門前町のようなところを想像すると分かりやすい。斜面には階段が設《しつら》えられ、路地に沿って古めかしい建物が立ち並ぶ。遊園地に引き続き、ここもまたレトロな風情がたっぷり。

そぞろ歩くだけで旅心を刺激される、そんな街並の一角

全体的に可愛らしい雰囲気の乗り物が多く、子どもも大喜び。写真は「ぷかぷかパンダ」。

宝山寺駅周辺もレトロなムードが漂う。予約したレストランはすぐに見つかった。

にナイヤビンギはある。元は宿坊だった建物を改装したレストランは、全席個室という点がまず特徴的だ。僕たちが訪れた日は、たまたま当日にキャンセルが出たとのことで、人数にしては広い部屋へ案内された。建物の中でもとくに人気の部屋だそうで、窓からの見晴らしがすこぶるいい。麓の街を見下ろしながらの優雅なランチに自然と顔がほころぶのだった。

肝心の料理内容については、強いこだわりを感じさせるものとなっている。その最大のウリは、肉や魚、卵、牛乳などの動物性食材を一切使用しない「自然菜食料理」だ。しかも、食材は料理に加え、スイーツや飲み物まで生駒山麓の自家農園にて無農薬栽培されたものを使用しているという徹底ぶりである。

要するに健康志向の店なのかな、と行く前は想像していのだが、食べてみて衝撃を受けた。この手の料理は味付けがシンプルすぎたり、量が少なかったりして、なんとなく物足りなさを覚えることもしばしばなのだが、この店はそんなこともなかったからだ。一品一品丁寧に調理されており、品数も多い。沢山の小鉢と、この日はメインに「ソイミートの宝山寺味噌竜田揚げ」が出てきたのだが、ボリュームも結構ある。

「どれも手間がかかってそうだよね」

と、料理好きの妻も感激していた。食材のポテンシャルに頼りっぱなしではなく、創意工夫を凝らして美味しい料理に仕立て上げている。そういう店はありそ

円いお盆に沢山の小鉢が載って出てきた。見た目からして食欲をそそる。

うで案外なかったりする。お米も玄米を三分づきにし豆を混ぜたものが出てきたのだが、これには子どもも大喜びでバクバク食べていた。

元が宿坊ということで建物自体は和風テイストながら、内装はエスニックな雰囲気なのも僕たち好みだった。ヒンドゥー教の神様ガネーシャの絵が掛けられていたり、アサラトという西アフリカの楽器のワークショップを開催していたり。雑貨の販売コーナーもあって、商品はこれまた大変お洒落である。

ちなみにランチコースは一人千九百五十円だった。ランチにしては少し贅沢だ

全室個室で、しかも和室なのが、小さな子ども連れとしては大変ありがたい。

宝山寺は威風堂々とした佇まい。背後にそびえ立つ岩山も含めて絵になると感じた。

が、内容を考えれば文句はない。一家全員大満足の昼食となった。

せっかくここまで来たので、食後は宝山寺にも立ち寄った。参拝してみて一つ、気になったことがあった。石灯籠に寄進者の名前と金額が書かれているのだが、よく見ると中にはその金額がビックリするほど高額なものがあるのだ。ナントカ億円とか書いてあって、「えっ…」と我が目を疑った。言われてみると、寺は山の中にしては見るからに立派で格式がありそうな佇まいだ。

寺なのに境内に鳥居があることにも目をみはった。神《しん》仏《ぶつ》混《こん》淆《こう》の名残なのか、ほかではあまり見られない珍しい光景である。

ここは日本三大聖天のひとつで、聖《しょう》天《でん》様を祀っている。聖天様とは、象頭人身の神様のことをさすそうだ。

象頭人身といえば……ガネーシャである。商売繁盛の神様といわれる。なるほど、だから寄進額が妙に大きいのかもしれない。そういえば、ナイヤビンギでもガネーシャの絵が飾られていたが、あれも宝山寺にあやかってのことだったのかと納得する。遠くインドから伝わった神様が日本でも信仰されている事実が興味深い。

遊園地へ遊びに来たはずが、日本一のケーブルカーや絶品レストランに出合い、最終的にはガネーシャの寺へ辿り着いた。盛りだくさんな旅になった。

03

生駒山上遊園地

住所
奈良県生駒市菜畑
2312-1

開館時間
10時～17時

料金
3200円
（のりものフリーパス）

電話
0743-74-2173

駐車場
有

アクセス
生駒ケーブル
生駒山上駅下車すぐ

04

赤目四十八滝《あかめしじゅうはちたき》

伊賀流忍者も修行した大迫力の滝をめぐる「大人の小冒険」

三重県
名張市

半日旅を始めて以来、よくチェックするようになったのが駅に置いてあるチラシやパンフレット類だ。沿線の観光案内や鉄道会社が主催するツアー広告などだが、これが結構内容が充実しており、次の旅先を選ぶ際に参考になる。

赤目四十八滝へ行ってみようと思ったきっかけも、近鉄沿線の駅に置かれていたチラシだった。大きな瀑布《ばくふ》（滝）の写真が全面に掲載されており、目に留まった。手に取って見ると「赤目四十八滝 渓谷の自然探勝きっぷ」と書かれている。近鉄が売り出している特別切符の宣伝チラシだ。

近鉄沿線の各駅から滝の最寄りとなる赤目口《あかめぐち》駅までの往復切符に、赤目口駅から滝までのバスの往復乗車券、滝への入山チケットがセットになったもので、さらには滝周辺

最寄りの赤目口駅からは三重交通バスで。本数が少ないため時刻表を確認しておきたい。

の施設でさまざまな割引が受けられるという。個別に切符を買うよりも安くなると知って、俄然興味を覚えた。

この手のお得な切符には目がない旅行者だ。さっそく行ってみようと思い立った。金額は出発駅によっても変わるが、僕の場合は京都駅発で二千八百二十円だった。近鉄京都線で南下していき、大和《やまと》八木《やぎ》駅で近鉄大阪線に乗り換える。特急を利用する場合には、特急券は別途購入する必要がある。

観光の拠点となる赤目町は三重県名張《なばり》市に位置する。それゆえ、赤目四十八滝というと三重県の観光地というイメージが強いのだが、滝自体は奈良との県境に位置する。地図で確認すると、滝が流れる川がそのまま県境になっているようだ。いずれにしろ、関西方面からだけでなく、名古屋方面からも訪れやすい立地と言えるだろうか。

バスを降りると、滝へと続く道に沿って家屋が建ち並んでいた。土産物屋や食堂などが多く、なんだか温泉街のような雰囲気だ。実際に温泉旅館もあって、今回利用した近鉄の特別切符を提示すると割引料金で日帰り入浴ができる。

「ああ、観光地へ来たんだなあ……」

というのが、到着してまず抱いた第一印象である。実は、もう少し秘境のようなところを勝手に想像していた。思いのほか開発されていたので面喰らったが、ならばそういうものだと割り切って楽しめばいい。

歩き始めて間もなく、ビジターセンターを見つけたので、情報収集がてら立ち寄り、ついでにトイレへ行

赤目名物へこきまんじゅうで腹ごしらえ。味の種類が多くて、どれにするか迷う楽しみも。

っておく。さらには沿道に立ち並ぶ店の一軒「たまきや」で、赤目名物という「へこきまんじゅう」を買い食いしたりもした。これは中にあんこやクリームが入ったおやきのようなスイーツなのだが、生地がさつまいもで作られているのが特徴だ。

「へこきって……屁こき？」

不思議な名前に疑問を感じたが、まさにその通りで、さつまいもを食べるとオナラが出るから「へこきまんじゅう」なのだという。味によって値段が異なるが、だいたいひとつ二百円前後と買いやすいのもいい。

焼きたてホカホカのへこきまんじゅうをパクつきながら、さらにズンズン先へ進むと、大きな建物が見えてきた。滝への入口になっている「日本サンショウウオセンター」だ。ここで入山料の四百円を支払う。

滝への入口にもなっている日本サンショウウオセンター。建物内を抜けて先へ進む。

特別切符でやってきた場合には、それを見せてチケットに引き換える。その際に窓口の女性に次のような説明をされ、僕は「えっ⁉」と戸惑った。

「今日は百畳岩《ひゃくじょういわ》のあたりが冠水しています。雨降滝《あめふりだき》も勢いが激しくて傘がないと通れないぐらいです」

いきなり固有の地名がいくつか出てきたのだけれど、土地勘がないからよく分からない。詳しく伺ってみると、地図を広げてルート上の要注意箇所を教えてくれた。それでようやく理解したのだが、前日まで雨がかなり降ったせいで、川の水位が高くなっているのだという。むむむ、そうなのかと得心する。深いことを考えず、いつものようにノリだけでやってきたが、とんでもないときにやってきてしまったらしい。

ともあれ、せっかく来たのだから行けるところまで行ってみることにした。女性にお礼を言って受付を後にすると、すぐに日本サンショウウオセンターの建物の中に入った。滝へ行くにはまずここを突っ切らねばならないようだ。

ちなみに、このセンターはオオサンショウウオにまつわる施設で、実物のオオサンショウウオが展示されている。水槽が並んでおり、パッと見は水族館のような雰囲気だ。赤

水槽の中にはオオサンショウウオが。個性豊かな外見に思わず見入ってしまう。

目四十八滝にはオオサンショウウオが生息している。見どころは滝だけではないというわけだ。

　オオサンショウウオは魚のようで、トカゲのような、不思議な生き物である。中には全長一メートル以上とかなり大きな個体もいて、モンスターと見《み》紛《まが》うほどの迫力がある。「生きた化石」などとも称されるそうで、実物を見るとまさにそんな感じだなあと納得する。水槽のパネルに、「推定六十五歳前後」と書かれている個体もいた。自分よりもずっと長生きしているではないか。

　オオサンショウウオは特別天然記念物

にも指定されている。珍しい生き物と言っていいだろう。滝を観に来たはずが、いきなり脱線。おもしろくてつい長居してしまったのだ。

気を取り直して、滝へと出発する。センターの建物を逆側に出ると、渓谷沿いの道に続いていた。一本道に沿って歩いていくと、次々と滝が現れる流れになっている。

歩き始めて間もなく、牛の銅像が鎮座している横を通った。黒い牛なのだが、目玉が赤く塗られている。赤目という地名の由来は、この地に現れた不動明王が乗っていた牛の目が赤かったことからきてい

川の流れに沿って遊歩道が設けられている。散策するだけでも気持ちのいいコースだ。

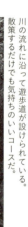

赤目五瀑のうち、コースの最初に現れるのが「不動滝」だ。高さは15メートル。

るのだという。

　これは僕自身も知らなかったというか、勘違いしていたのだけれど、赤目四十八滝という名ではあるものの、実際の滝の数は四十八ではないようだ。マップで確認する限りでは、その半分ぐらいしかない。「四十八」というのはあくまでも喩えであり、それほどまでに数が多いというニュアンスなのだろう。

　散策路を進んでいくと、大小さまざまな滝が現れるのだが、中でもとくに見どころとされるものを「赤《あか》目《め》五《ご》瀑《ばく》」と呼んでいる。入口からルート順に不《ふ》動《どう》滝《だき》、千《せん》手《じゅ》滝《だき》、布《ぬの》曳《びき》滝《だき》、荷《に》内《ない》滝《だき》、琵《び》琶《わ》滝《だき》の五つ。

よっぽどの滝マニアでない限りは、基本的にこれら五つの滝を当面の目的地とするのが分かりやすい。

　それら滝巡りをしていくうちに思ったのは、水の流れが相当に激しいということだ。落差そのものが取り立てて大きいわけではないのだが、単体ではなく連続的に滝が現れることによる相乗効果なのか、実に勢いよく流れていく。滝のそばでボーッと立っていると、飲み込まれそうで怖いほどだ。

　伊賀流忍者として有名な百地《ももち》三太夫《さんだゆう》は、この赤目四十八滝で修行をしていたと言い伝えられている。忍者の修行場所とし

見るからに水位が上がっているのが分かる。橋を渡るだけでもスリリングだ。

ほとんど水没状態のベンチも。弁当持参だったので、安全に食べられる場所を探した。

てはうってつけだ。流れに逆らって滝を渡ったりするのだろうか。想像しただけで苦行に思えてくるのだった。

受付で聞いた、水量が増しているという話が頭をよぎった。散策路ではところどころ橋を渡るのだが、梅雨時期などはこの橋が浸水してしまい、赤目五瀑の一番最初の不動滝ぐらいまでしか行けないことも珍しくないのだという。

渓谷内はスタッフがパトロールに回っており、状況を見て危険な場合にはアナウンスを流してくれる。

「滝の音がうるさくて聞こえないかもしれないですが……」

とも言っていた。なるほど、確かに滝はものすごい轟音なので、アナウンスしてくれてもかなりの大音量でないと聞き逃してしまいそうな懸念がある。

「渓谷内は一部を除き、携帯電話は通じません」

という注意書きも出ていた。見ると、自分のスマホ（ドコモの電波）も圏外である。いざというときに携帯が使えないのは困るなあ。

とはいえ、滝を観光するならこれぐらい迫力がある方が見応えがあるのも事実だ。これまでも各地で滝を見てきたが、滝という場所は行く季節によって見え方が大きく変わってくる。とくに要注意なのが夏で、水量が少なくてガッカリさせられた経験は数知れない。チョロチョロと流れるだけの滝は迫力に欠けるのだ。

奥へ進むにつれ、水量がさらに増してきた。場所によっては水面と地面の境目がわからないほどで、正直腰が引けたりもした。でも、これはこれでちょっとした冒険のようで楽しい。

最大の難関が立ちはだかったのは雨降滝だった。ここは受付でもとくに危険だと忠告を受けた滝だが、行ってみて腑に落ちた。水があふれ、散策路をふさぐ形でシャワーのように水が流れ落ちている。雨降滝の名前の通り、そこだけ雨が降っているかのような光景なのだ。

滝の前にはほかにも何人か見物客がいて、立ち往生していた。この先にもまだ滝が続くので、できれば進みたいのだが、通過するにはずぶ濡れになる覚悟がいる。雨合羽を持ってくればよかった。

「これは無理やね。やめろっちゅうことや」

と言って、男性が引き返していった。それを見て、ほかの人たちもみなあきらめて帰っていく。どうしようか思案する。数秒迷ったのち、結局僕も踵を返したのだった。

04

赤目四十八滝

住所
三重県名張市
赤目町長坂861-1

営業時間
8時30分～17時

料金
400円

駐車場
無

アクセス
近鉄赤目口駅から
バス10分

05

下《しも》赤《あか》阪《さか》の棚《たな》田《だ》

〝棚田フェチ〟でさえ「素晴らしい……」の一言

大阪府南河内郡
千早赤阪村

突然降り出した大雨に狼狽し、とりあえずビニール傘を買おうとコンビニを探したら、なんと一軒も存在しなかった。

「マジかよ……」

と、思わずつぶやいてしまう。コンビニがまったくない街なんていまどき珍しい。いや、街ではなく「村」だった。千早赤阪村――大阪府では唯一の「村」なのだという。

スマホで雨雲レーダーをチェックすると、降っているのは村の周辺だけで、三十分もしないうちにやみそうだと分かった。傘を買うのはあきらめ、雨宿りがてら情報収集でもしようと観光案内所へと向かう。

といっても、これまた一般的な観光案内所のイメージとはだいぶ違った。場所は村役場の隣に立つ、小さなプレハブの建物の中。足を踏み入れると、デスクが並んだ事務所のような雰囲気でみんな黙々と仕事をしている。きっと役場の観光課なのだろう。

「あのう……すみません？」

たまたま近くを通りかかった男性に声をかけると、立ち止まって話をきいてくれた。

「ああ、棚田を見に来られたのですね。そうしたらこれをお持ち下さい」

そう言ってペラ一枚を手渡された。手書きの地図をコピーしたもので、役場から棚田までの行き方と、車を停める場所などが書かれている。

「ここの消防署の隣に停めて、そこから歩いて十分ぐらいです」

棚田見学を目的に訪れる人なんてどれだけいるのだろうか、と疑問だったが、男性の慣れた応対ぶりから想像するに、意外と訪問者は多いのかもしれない。

お礼を言ってプレハブを出ると、まだ雨が降っていた。そこで、男性がついでに教えてくれた道の駅へ先に立ち寄ってみることにする。なんでも、二〇一八年四月にリニューアルしたばかりなのだという。

その名も「道の駅ちはやあかさか」。場所は役場から車で五分ぐらい、小高い丘の上に位置する。何の気なしに訪れてみたら、ここもまたいい意味で予想を裏切るスポットだった。道の駅と聞いて、パッと頭に思い浮かべるような施設とはまるで違う。

日本一かわいい道の駅——看板にはそんなキャッチコピーが躍っていた。

かわいい？　最初は何が言いたいのか分からなかったが、行ってみて納得した。こぢんまりとしているのだ。建物は、普通の民家と変わらないサイズ。一階が売店、二階がカフェになっている。「小さい」ではなく、あえて「かわいい」と表現しているところがユーモラスだ。少なくとも規模としては、僕がこれまで訪れた日本全国の道の駅の中ではダントツの小ささである。

同じ場所にはほかに「くすのきホール」というもっと立派な建物が立っていて、最初はそちらが道の駅かと勘違いしたぐらいだった。さらには、このくすのきホールの目の

日本一かわいい道の駅へ。棚田で作られたお米でできたラスクなども売られていた。

前に、楠公《なんこう》誕生地なるスポットがあるのも気になった。楠公というのは、南北朝時代に活躍した武将・楠木正成《くすのきまさしげ》のことだ。なるほど、くすのきホールという名前もここから取ったというわけだ。

千早赤阪村は、楠木正成ゆかりの地として知られ、関連する史跡が点在している。歴史好きにはたまらない場所だが、僕の今回のお目当ては彼ではない。

棚田である。

田んぼ、とりわけ棚田が大好きなのだと、これまでの著書でも繰り返し書いてきた。一言でいえば、その風景美に激しく心惹かれるものがある。棚田を目指してあちこち旅をするうちに、日本国内だけでなくフィリピンまで足を延ばしたりもした。棚田ファン、棚田フェチ、棚田萌え……言い方はさまざまあるが、要するに好きなのだ。

楠木正成生誕の地を示す石碑。これは明治時代に大久保利通の奨めにより建てられたもの。

ここ千早赤阪村には関西屈指の棚田があると聞いてずっと憧れていた。もちろん、「日本の棚田百選」にも選ばれている。

役場で教えてもらった通り、消防署の横に駐車場があったので車を停めた。わずか数台のスペースだが、最近整備されたばかりなのか妙に綺麗な駐車場だ。看板が立てられており、棚田まで約八百メートルだと書いてある。見物客の増加を受けて、専用の駐車場を作ったのかもしれない。ともあれ、無料なのは助かる。

この駐車場の脇から出ている小径《こみち》を歩き始めた。田んぼの畦道のような感じだが、舗装されており軽トラックが一台通れるぐらいの幅はある。

二～三分ほど歩いたところで分岐点に差し掛かった。案内が出ていないので、どちらへ進めばいいか見当もつかない。迷った末、自分の勘を信じて左側の道を選択。ゆるやかな上り坂だが、ここまでの道よりも幅が狭くて雑草も濃い。歩いても、歩いてもなかなか田んぼらしき風景は見えてこなかった。

「本当にこちらで合っているのだろうか……」

不安に感じ、先ほどの分岐点まで引き返そうかとしたときだった。パッと視界が開け、美しい水田の風景が広がった。田植えを終えてからまだそれほど経っていないのだろう。水が張られた田んぼに、青々とした稲の葉が並んでいる。風がないせいで凪いだ水面に空の雲が綺麗に写り込んでいる。大人気ウユニ塩湖風の鏡張りの美景である。

さらに先へ進むと、階段状に並ぶ田んぼも現れ始めた。とはいえ、それは棚田と呼ぶにはいささかスケールの小さなものだと感じた。

絶景を求めて田園地帯を彷徨う。軽トラとすれ違ったが、ほかは誰にも会わなかった。

「なんか違うんだよなあ……」

写真で見た棚田はもっと壮大だったのだ。目の前にあるものとは明らかに異なる。

あの棚田を見るには、どこへ行けばいいのか。すっかり迷子になってしまった。案内などは一切出ていないし、聞き込みをしようにも誰一人として見かけなかった。

「無闇に田んぼへ入らないこと」

棚田に関する案内はない一方で、そんな注意書き

念願の棚田を遂に発見。心癒やされる田園風景であり、自然のアートでもある。

はしっかり掲示されていた。観光地ではなく、あくまでも普通の田園風景なのだと思えば、贅沢は言えない。

あちこち行ったり来たりしているうちに汗だくになってきた。梅雨が明けたばかりの七月初旬である。空は先ほどのにわか雨がなかったかのように晴れ渡っており、じめっとした空気が体にまとわりつく。運動不足な体が悲鳴を上げ始めたが、ここまで来ておいてあきらめるわけにはいかない。

思いのほか難儀したが、そのお陰で念願だった棚田が目の前に現れたときの感動は大きなものとなった。とうとう出合えたその棚田は素晴らしいの一言に尽きた。階段状の地形が左右ところどころ入り組んでおり、しっかり傾斜している。一枚絵として完成されているような隙のない美景だ。これは棚田へ来る度に毎回思うことだが、実際に稲作をするとなると棚田はきっと普通の田んぼよりもハードモードだ。よくぞまあこんなところを開墾したものだと感心させられながら、グレイトな風景に興奮し写真を何枚も撮った。

下赤坂城という、これまた楠木正成が籠城して鎌倉幕府軍と戦ったという史跡の目の前にその棚田はあった。付近では道標のような存在と言えるだろう。辿り着くまでに散々迷ったが、素直に観光地を目指せばよかったのだと知り、拍子抜けもしたのだった。

05

下赤阪の棚田

住所
大阪府南河内郡
千早赤阪村森屋

電話
0721-72-0081
（千早赤阪村役場）

料金
無料

駐車場
有（5台）

アクセス
近鉄長野線富田林駅
からバス→徒歩15分

徳島県鳴門市

06

鳴門《なると》の渦潮《うずしお》

世界一の速さを誇る潮流が生み出す渦潮はまるで自然のアート。大きいものだと直径20mにも達するという。次々と出来ては消えていく渦の様子を船の上から観潮できる。訪れるなら、見頃の時間をあらかじめ調べておきたい。

●住所：徳島県鳴門市鳴門町土佐泊浦
●電話：088-684-1731（鳴門市うずしお観光協会）
●駐車場：有
●アクセス：JR鳴門駅からバス20分（観潮船まで）

兵庫県丹波市

07

白《びゃく》毫《ごう》寺《じ》の九《く》尺《しゃく》藤《ふじ》

丹波の初夏を彩るのは、シャワーが降り注ぐかのように棚から垂れ下がる薄紫色の花弁。最長180cmを記録した九尺藤を一目見ようと、5月初旬～中旬の開花期間中は大混雑する。インドからの渡来僧が開基したという寺の由来も興味深い。

●住所：兵庫県丹波市市島町白毫寺709
●電話：0795-85-0259
●駐車場：有
●アクセス：JR福知山線市島駅からタクシー8分

奈良県香芝市

08

屯《どん》鶴《づる》峯《ぼう》

隆起した灰白色の奇岩が斜面を埋め尽くす。まるで別の惑星に来たかのような不思議な光景だが、これは火山活動により水底に沈積した凝灰岩層が風化水蝕したもの。足場が悪いので見学の際は要注意。「奈良のカッパドキア」という愛称も。

●住所：奈良県香芝市穴虫地内
●電話：0745-76-2001（香芝市役所）
●駐車場：有（5台）
●アクセス：近鉄南大阪線二上山駅から徒歩32分

滋賀県高島市

09

メタセコイア並木《なみき》

どこまでも真っ直ぐ続く道。そして道の両脇にズラリ立ち並ぶ樹木のトンネル。2.4kmにわたって約500本ものメタセコイアが植えられているが、元々は栗園の防風林が目的だったとか。春夏秋冬それぞれに違った絶景が楽しめるのも魅力だ。

●住所：滋賀県高島市マキノ町蛭口～牧野
●料金：無料
●電話：0740-27-1811（マキノピックランド）
●駐車場：有（マキノピックランド無料駐車場）
●アクセス：JR湖西線マキノ駅からバス6分

第2章　祭り・文化・温泉

10

好奇心をくすぐる「歩ける廃線」⬇「山中の隠れ家的温泉」

福知山線廃線敷《ふくちやませんはいせんじき》・武田尾温泉《たけだおおんせん》

兵庫県
西宮市／宝塚市

大阪出身の友人から「穴場の温泉だよ」と聞いて、武田尾温泉に興味を持ったのがそもそものきっかけだ。温泉以外にも何かないかなあと調べてみると、かつての国鉄福知山線の廃線敷がすぐ近くにあると分かった。トンネルや橋などが当時のままの姿で残っており、誰でも歩くことができるという。

廃線ハイキングを楽しみ、温泉で疲れを癒す——半日旅向けにはうってつけのコースに惹かれ、行ってみることにしたのだ。

廃線敷があるのはＪＲ福知山線の生瀬《なまぜ》駅から武田尾駅までの区間。どちらの駅から出発してもいいが、歩き終わった後に温泉へ行くことを考えると武田尾駅をゴールにするのがベストだ。

そんなわけで、出発地点の生瀬駅で電車を降りた。改札を出ると駅舎の中のラックに「廃線敷マップ」が置いてあったので一部頂戴する。同じものはPでウェブにもアップされていた。このコースを歩くなら必須の地図だ。

生瀬駅から廃線敷の入口までは少し距離があって、一般道を十分ぐらい歩が多く、大きなトラックなどがバンバン走っているすぐ横の狭い歩道を行くのでか怖い。車に気をつけるようにと案内書きも出ていた。

入口のそばにはトイレが設けてあった。廃線敷へ突入すると、ゴールの武田尾駅までトイレはないので先に済ませておくのが無難だろう。

この廃線敷は、以前から「歩ける廃線」として廃線マニアの間では密かに知られた存在だったそうだ。

現在のようなハイキングコースになったのは二〇一六年十一月と、比較的最近のことだ。JR西日本が安全対策工事を行ったうえで、利用者の自己責任を原則として一般公開された。

いざ歩き始めて、予想していたよりも遥かに素敵なところだと実感した。何が素敵かというと、とにかく自然が豊かなのがいい。線路の枕木がそのまま残っていたりして、いかにも廃線敷といった雰囲気がたまらない一方で、周囲の景観がこれまた素晴らしいの一言なのだ。

この廃線敷は渓谷沿いにあり、廃線敷を歩いているとすぐ横には武庫川《むこがわ》が流れている。川原には巨岩がゴロゴロと転がっており、ところどころ切り立った岩壁も現れる。ダイナミックな自然美に圧倒されな

ハイキングとなった。春には桜、秋には紅葉の名所でもあるのだという。廃

けでなく、純粋に自然散策を楽しみたい人にもオススメできるコースだ。

「現役当時はこの雄大な景色を車窓から眺めていたのだなあ」

ライト以外には特別な装備はいらない。スニーカー履きでも余裕で歩けるゆるいコースだ。

景色のいいコースは歩き甲斐がある。真横を流れる川の雄大さは想像していた以上だ。

などと想像しながら歩を進めていく。これぞ絶景路線である。

この廃線敷のハイライトといえるのが、途中に現れる計六つのトンネルだ。最も長いもので四百十三メートルもあるが、内部には照明の類いが一切ない。つまり、真っ暗な空間を歩いて通過することになる。

似たようなスポットとしては、関東にも群馬県の碓《うす》氷《い》峠《とうげ》に「アプトの道」と呼ばれるハイキングコースになっている廃線跡がある。あちらも割と最近行ったばかりだが、そういえばトンネル内に照明が設置されていた。

翻って、この福知山線廃線敷はというと、文字通り真っ暗である。それも生やさしい暗さではなく、完全に黒一色の世界。明かりがないと一歩も進めないレベ

コース上にトンネルの入口が現れる度に少し緊張する。中は闇の世界だ。

ルである。僕はスマホのＬＥＤライトを点灯させていたが、光量が足りず、「ヘッドライトを持ってくれば良かった」と後悔した。誇張ではなく、恐怖を感じるほどの暗さなのだ。

遥か彼方に出口と思しき小さな光の点が見えるとホッと安堵した。時折聞こえてくる、ほかのハイカーが歩く足音や話し声なども安心材料だ。友だちと話しながら、キャッキャと冗談を言い合いながら楽しんでいる女子二人組などもいて羨ましくなった。小心者なら誰かと一緒に来るべきかもしれない。

生瀬駅側から来ると四つ目のトンネル

トンネルを抜けた先はどんな風景なのか。出口が見えると、期待が高まる。

となる長尾山第一トンネルを抜けたところが休憩スポットになっていた。川沿いにベンチが設置してあり、少し先へ進むと「親《しん》水《すい》広《ひろ》場《ば》」と名付けられたスペースがあってレジャーシートを敷いている人もいた。お弁当を食べるのにちょうどいいスポットだ。

　ハイキングコース上には自販機すらないから、食べ物や飲み物はあらかじめ持参したい。僕は来る途中に京都駅の志津《しず》屋《や》で「カルネ」を買ってきていた。フランスパン風の生地ながらフワフワした食感のパンにマーガリンを塗って、玉ねぎとハムを挟んだサンドイッチで、京都人にはお馴染みの一品だ。

ちなみに関西へ移住中のお出かけでは、このときのように志津屋でテイクアウトしてお弁当にするというのも自分の中でパターン化していた。些細なことではあるが、お気に入りのお弁当類が見つかると、半日旅がさらに楽しいものになる。

トンネルのほかにも古びて錆が浮いた鉄道橋があったりと、盛りだくさんのコースだった。途中にお昼休憩を入れつつ、ゴールとなる武田尾駅までだいたい二時間ぐらい。

歩き終えたら、お待ちかねの温泉タイムである。武田尾駅から少し奥へ進んだところに武田尾温泉 紅葉舘 別庭「あざれ」という宿があって、ここで日帰り入浴が可能だ。タ

コース上とくに目を引く構造物が写真の鉄道橋だ。橋の上からの眺めもまた格別。

武田尾温泉がゴール。歩き終えた後にひとっ風呂浴びる。幸せなひとときだ。

オルとバスタオル付きで千八百円。
結構いい値段がするし、湯もこぢんまりとした規模だが、山中の隠れ家のような雰囲気で居心地はいい。何より、体を動かしていい感じに汗もかいていたから、最高のタイミングでの入浴となった。
お湯に浸かって小休止をしたら、帰りの列車に乗り込む。武田尾駅が駅員のいない無人駅というのがまた旅人の琴線に触れるのだった。

10

福知山線廃線敷

住所
兵庫県西宮市
塩瀬町～宝塚市切畑

電話
0798-35-3321
（西宮観光協会）

駐車場
無

アクセス
JR福知山線生瀬駅・
西宮名塩駅・武田尾駅
から徒歩15分

11

世界一周気分が味わえる大人の珍スポット

太陽公園《たいようこうえん》

兵庫県
姫路市

姫路までお城を見に行ったと言うと、誰もがきっと姫路城のことだと思うだろう。ところが、お目当てはまったく別のお城だった。さて、どこだろう？

答えは——ノイシュバンシュタイン城である。

「ノ、ノ……ノイシュ……バン……？」

発音するだけでなんだか舌を噛みそうな名前なのだが、これはドイツ語だ。ドイツ南部のフュッセンという街の郊外に建つ古城。そもそも日本のお城ですらないではないか！　というツッコミが聞こえてきそうだが、それはまあ置いておこう。

その名を知らない人でも、写真を見れば「ああ！　このお城か」と納得するだろう。世界的には姫路城よりもずっと知名度がある。ヨーロッパの古城の代名詞的存在であり、デ

見た目はノイシュバンシュタイン城そのものだが、「白鳥城」が正式名称だ。

イズニーランドのシンデレラ城のモデルなどとも言われている。

なぜ、そんなお城が日本にあるのか。その謎を解き明かすべく、僕は姫路駅から路線バスに乗った。そうして辿り着いたのが今回の目的地「太陽公園」だ。

姫路城が姫路駅を出てすぐ前方にその威容を望めるのと同じく、こちらもバスを降りると早くも小高い山の上に白亜の城が見えた。あれこそ、ノイシュバンシュタイン城である。目にした刹那、思わずおおっ〜と声が出た。周囲は大きな建物などもないし、いかにも日本の地方らしいのどかな風景である。そのせいか、欧

石のエリアの入口に立つのが「パリの凱旋門」。本物を見たことがあると感慨もひとしおだ。

風な建築が強い存在感を放っている。

さっそくお城へ向かおうとしたら、まずは「石のエリア」から散策するのがオススメだと受付の人が教えてくれた。園内は「石のエリア」と「城のエリア」に分けられている。もらったパンフレットによると、平均所要時間は石のエリアが約二時間、城のエリアが約一時間とのこと。なるほど、見どころが多いのは石のエリアというわけか。

ここは公園といいつつも、ジャンルとしてはテーマパークの一種である。それゆえ、入場料も必要だ。千三百円を支払って中へ入ると、これまた見慣れた大きな石の門が現れギョッとした。あれは……そう、パリの凱《がい》旋《せん》門《もん》だ！

「石の文化・歴史とお城のテーマパーク」

パンフレットにはこんなキャッチコピーが躍っている。これだけだと何のことかサッパリなので補足すると、世界各国の有名な建造物や石像を再現したテーマパークなのである。凱旋門をくぐった先も、次々とどこかで見たことのあるオブジェが現れる。ラインナップや並び方には統一性がないから、これが意外性があってなかなか愉快だ。

たとえばイースター島のモアイ像の向かいには、デンマークの人魚姫の像が立っていた。モアイ像には本物にはないはずの目玉が付いていたりして、独自のアレンジが施されているなあ……と感心させられたが、改めて調べてみると本来はモアイ像には目玉があったのだという。この

イースター島のモアイ像は、単体よりも複数体が並んでいる光景の方が絵になる。

ファニーな表情をした石像が多く、見比べながら散策するだけでも楽しい。

目玉は別に独自に解釈したものではないらしい。

展示されているのは、あくまでも元々が石でできているモノ、という点は大きな特徴だ。そのせいか全体的な傾向として、メキシコのものが妙に多いかなという印象は受けた。同地が誇る古代マヤ文明やアステカ文明は、石との関係が深い。

メキシコの石像は多くが動物などをデフォルメした摩訶不思議な造形で、一言でいえばシュールなビジュアルをしている。クスッと笑える感じ。とはいえ、太陽公園にあるこれらの石像がそうだというわけではなく、オリジナルのオブジェ自体がシュールなのだから、これまた正しく再現されているのだともいえる。

個人的にはかつてメキシコシティで訪れた国立人類学博物館を思い出した。まさにこれらと同じような石像が多数展示されていたのだ。そのときも、ヘンテコなオブジェの数々に興奮して写真を撮りまくったのを覚えている。好き嫌いが分かれそうだが、このシュールさが我が琴線に触れるのだった。

世界一周経験者としては、この手の世界疑似体験系スポットには目がない。自分が行ったことのある場所なら、当時の記憶と照らし合わせつつ「ああだこうだ」と物申したり。知らなかったけれど、行ってみたい場所を探してみたり。世界旅行をしているような気分に浸りながら見て回るのもひとつの楽しみ方だろう。

メキシコ関係の石像がズラリと続くが、そんな中、唐突に別の国のランドマークが登場するから油断できない。ベルギーの小便小僧や、ニューヨークの自由の女神など、誰もが知っているメジャースポットはとくに目を引く。

「このノリなら、マーライオンとかあったりして……」

密かにそんなことを考えながらズンズン歩いて行くと、そのマーライオンが現れたのでうれしくなった。ご存じ、シンガポール名物の半獣半魚の像である。こちらはオリジナルとは違って、口から水は吐いていなかった。残念。

誤解を恐れずに書けば、石像の多くは年季が入っているなあというのも正直な感想だ。各石像の前に置かれている案内版は文字がかすれていたりして、中には読みにくいものもある。そういう古びている部分も含めて、味のあるスポットなのだと割り切れるかどうかが、この公園を楽しむうえでの秘訣といえるかもしれない。

個人的には古さ自体はそれほど気にならないが、展示されている石像についてもう少

シンガポール名物マーライオン。いるかなあと思ったら、本当に現れたのでうれしくなった。

し詳しい説明が欲しいと思った。大半の石像は名称のみで、説明の類いが一切ないのだ。やはり、目の前にあるそれが一体なんなのかを知りたい。あまりに気になってその場でスマホで検索してしまったぐらいである。

石像に挟まれた道をずっと先まで歩いて行くと、やがて公園の核心部に辿り着く。ここからはうって変わって中国がらみの展示がやけに目立つ。メキシコ推しから、中国推しへ。なんだか極端なのだが、それもまたこの公園の個性といえるかもしれない。

中でも、とくに目玉といえるのが「兵《へい》馬《ば》俑《よう》坑《こう》」だ。秦の始皇帝が、自らの死後に陵墓を守るために作ったという軍隊の像がズラリと並ぶ。ここは倉庫のような屋内での展示となっている。像は一体ずつ表情などのディテールにまでこだわって再現されており、その総数なんと千体にも及ぶというから、本物さながらのスケール感に圧倒される。

続いて現れるのは万里の長城だ。これまた秦の始皇帝が築いた、世界最長を誇る城壁である。太陽公園内では道幅と高さは実物と同じサイズで、全長は二キロとなっている。本物に比べればさすがにコンパクトだが、歩いて見て回るには二キロでも相当長い。散策していたら雨が降ってきたので、途中までで引き返してしまった。

こういうアップの写真で見たら、本物の兵馬俑坑と見分けがつかないほど。

天安門広場は規模こそ本物にはかなわないものの、佇まいなどは見事に再現されている。

ほかにも天安門広場なんかもあって、これまたかなりリアルに再現されている。中国で作ったものを解体して国内へ運び込み、現地の職人を呼び寄せて手書きで着色したのだという。ニセモノとはいえハリボテ感はなく、異国情緒溢れる建築美に魅了される。僕自身は北京で見たときの記憶を掘り起こしながら堪能したが、本物を知らなくてもきっと楽しめるはずだ。

石のエリアを一通り満喫したところで、城のエリアに移動することにした。いったん入口まで戻り、園の外の公道を五分ぐらい歩くと城の麓に到着する。頂上まではモノレールが二十分間隔で運行しており、タイミングよく出発直前だったので駆け込んだ。

いよいよこの旅のハイライト、ノイシュバンシュタイン城へ。実はこのお城、「白鳥城」というのが正式名称である。公式にはノイシュバンシュタイン城を名乗ってはいないのだが、外観はどこからどう見ても以前にドイツで目にした古城とそっくりだ。

門を入ったところで僕は既視感に囚われた。中庭のような空間になっているのだが、このつくりもまた本物さながらだったからだ。

気になったので、かつてドイツを旅したときに撮った写真を確認しようとしたら、城内の写真が一枚も存在しなかった。そうだった、ドイツの本物のノイシュバンシュタイン城は内部は撮影禁止だったのだ、と思い出す。

翻って姫路のノイシュバンシュタイン城……もとい白鳥城では写真撮影が許可されている。というより、むしろ写真撮影を積極的に奨励している雰囲気だ。「カメラポイント」と書かれた場所が点在しているし、僕が訪れたときには撮った写真をアプリで加工する「リアクションアート」なる催しも行われていた。ヨーロッパ各国の民族衣装のレンタルサービスもあって、城内ではコスプレをした女性たちが、あちこちで三脚や自撮り棒を使って撮影会を繰り広げていたのも印象的だ。

なるほど……と、ここにきて僕はようやく得心した。この公園は要するにそういうスポットなのだ。異国の風景に身を置きつつ写真を撮る。「インスタ映え」時代ならではの観光地であり、公園サイドもその点をウリにして集客をしている。そして、その試みはそれなりに上手くいっている（ように見える）。

「もう少し展示物の説明があるといいのになあ……」

などとぼやいている旅人は僕ぐらいであり、そもそも場違いな発言なのだ。

世界一周気分に浸れるスポットかな、と期待してやってきたが、想像していたのとはちょっと違った。撮影意欲を掻き立てられるテーマパークである。

11

太陽公園

住所
兵庫県姫路市打越1342-6

料金
1300円

駐車場
有（300台）

開園時間
9時～17時

アクセス
JR姫路駅からバス→徒歩1分

12

泣きたくなるほどご飯が美味しく炊ける土鍋をゲット

長《なが》谷《たに》園《えん》・信《しが》楽《らき》 陶《とう》器《き》市《いち》めぐり

三重県伊賀市／滋賀県甲賀市

早起きして出発し、朝の九時すぎにはもう会場へ着いたというのに、それでも駐車場は大混雑していた。伊賀焼の窯元のひとつ、長谷園の「窯出し市」を訪れていた。

「うわあ、大人気なんだねえ……」

予想を遥かに超える人出に圧倒される。毎年二万人以上もが訪れるというビッグイベントだ。この日のために臨時で設けたと思しき超巨大な駐車場だが、もう少し遅かったら満車で入れなかったかもしれない。

長谷園は、焼き物の郷・伊賀を代表する窯元といえるだろう。創業は一八三二年と古く、十六連の大きな登り窯が国の有形文化財に登録されている。

長谷園といえば土鍋である。蓄熱力が高く、冷めにくい伊賀の陶土の特徴を生かして

国の有形文化財にも登録されている旧登り窯。1832年の同社創業時から稼働していたもの。

商品開発を行ってきた。同社の代表作といえるのが、「かまどさん」と呼ばれる炊飯用の土鍋だ。火加減なしで、ふきこぼれずにご飯が炊ける土鍋として好評を博している。実は我が家でもこのかまどさんをずっと愛用してきた。かれこれもう十五年近くの付き合いになるから、個人的な思い入れは相当強い。

炊飯器で炊いたお米と比べると、土鍋で炊いたものは別次元の美味しさである。ふっくら、つややか。しかも、炊飯器よりも短時間で炊き上がる。一度土鍋を使い始めると、炊飯器には二度と戻れない。

ちなみに我が家ではお米は島根県の奥出雲から「仁《に》多米《たまい》」をお取り寄せしている。「東の魚沼、西の仁多」などと言われる米どころである。長谷園のかまどさん＋仁多米の組み合わせは最強で、外食時にどんなに名店で食べたとしても、お米だけはうちで炊いたもののほうが数倍美味いと思うほどだ。

土鍋は消耗品だから、長く使っているとやがてガタがくる。とくに壊れやすいのが中蓋で、これまでも何度か買い換えている。つい最近もひび割れしたので、同社の公式通販でパーツ購入したのだが、同封されていたチラシに窯出し市の案内が出ていた。しかも、ちょうど京都にプチ移住しているタイミングと重なったから、これぞ好機とばかり伊賀まで行ってみることにしたのが旅のきっかけというわけだ。

窯出し市の目玉は、なんといってもアウトレット品だろう。色むらなどがあって規格外扱いされたものが、破格の値段で売り出される。

「スペアにもうひとつ買ってもいいね」

アウトレットコーナーは大盛況。あまりの安さに理性を失いそうになったほど。

などと夫婦で話しながら向かったのだが、普段うちで使っている二合炊きのかまどさんはすでに売り切れていた。がーん。窯出し市は五月二〜四日の計三日間にわたって開催されるが、僕たちが訪れたのは四日、つまり最終日だった。

「昨日の午前中ぐらいまでは残っていたんですけどね」

と店の人が教えてくれた。お目当ての品が決まっているなら、なるべく早く行くべきか。狙い目はやはり初日だろう。

とはいえ、売っていないものは仕方ない。あまりに悔しかったので、まだ在庫が残っていた三合炊きのかまどさんを衝動買いした。

「せっかくここまで来たのだし……」

と自分に言い聞かせながら。

それにしても驚いたのは、その価格だ。アウトレット品だけにお買い得だとは聞いていたが、まさかこれほどとは思わなかった。定価が一万八百円の三合炊きかまどさんが四千円。なんと半額以下である。よく見ると釉薬《ゆうやく》が抜けているところがあったりもするのだが、値段を考えれば妥協できるレベルだ。

参考までに書いておくと、売り切れていた二合炊きのも定価八千百円が三千円、さらに大きい五合炊きだと定価一万九千四百四十円が六千円といった具合。長谷園ではかまどさん以外にも数多くの魅力的な商品をラインナップしているが、それらも投げ売りされている。あまりの安さに理性を失い、さらに二つも鍋をお買い上げしてしまった。

窯出し市はお祭りのような雰囲気で、食べ物の屋台などもたくさん出ている。といっても、出店している屋台は、祭りでよくあるものとは一線を画す内容だ。焼きそばやベビーカステラみたいなものはない。添加物などを排した、健康志向のスローフード。たとえば、ガレットの屋台が出ていた。フランス料理でお馴染みのクレープのような料理だが、伊賀のような山里で出会うと不思議な気持ちになる。

さすがは米を土鍋で炊くような人たちが集まる祭りである。これは別に揶揄するわけではなく、意識高い系の祭りという表現が似合いそうだ。

僕たちもここの屋台でランチをとった。かまどさんで炊いたという百食限定の「一汁一菜」が美味しかった。朝イチで訪れてまずは買い物を済ませ、それから会場の屋台でお昼ご飯、という流れがオススメだ。

ランチは「一汁一菜」。かまどさんを使用した炊きたてご飯が美味しくないわけがない。

ホクホク顔で売場を後にする。重くてかさばる戦利品の数々を車に積み込んだら達成感で満たされたが、旅はこれで終わりではない。食後は移動して、さらに別の陶器市へ行く心積もりなのだ。

次の目的地は信楽である。ここもまた関西随一の焼き物の街といえるだろう。

信楽は滋賀県で、伊賀のある三重県からだと県境を越えるが、両者の距離は約十キロとかなり近い。同時期に開催される陶器市だけに、僕たちのようにはしごする人も多そうだ。

ゴールデンウィークには、全国各地で焼き物のお祭りが行われている。以前にもこの時期に、九州へ波佐《はさ》見《み》焼と有田《ありた》焼の陶器市をはしごする旅を敢行したことがある。波佐見と有田も県をまたぐが、距離が近く、セットで訪れやすい。

さらには、これまた隣町どうしだが、関東地方ならば益子《まし こ》焼と笠間《かさ ま》焼の陶器市もこの時期に開かれる。陶器市は大型連休の風物詩なのである。

距離こそ近いものの、信楽への移動には思いのほか時間がかかってしまった。道路が結構渋滞していたからだ。国道から曲がって信楽駅へと続く道は車が連なっており、係員が誘導しているほどだった。駐車場はこの道沿いに点在しているのだが、入庫待ちができないため満車だとたらい回しになる。幸いにも、僕たちはちょうど一台が出たタイミングで駐車場の入口にさしかかって、停めることができたのだった。

信楽の陶器市は主に二つの会場で行われている。最初に向かったのは信楽駅前で開かれる「春のしがらき

ワゴンコーナーで掘り出し物を探すのも陶器市の楽しみだ。物欲を満たす半日旅に。

信楽といえばタヌキ、タヌキといえば信楽なのである。異論は認めないのである。

駅前陶器市」だ。僕たちは車で行ったが、駅のすぐそばに会場があるので、鉄道でも訪問できるのは大きな利点といえるだろう。

感想は、良くも悪くもスタンダードな陶器市かなあと思った。会場内には出展者のテントが立ち並び、掘り出し物のワゴンには人が群がっている。お洒落さのようなものはあまり期待できないのだが、だからこそ客層を選ばない。有田焼や益子焼の陶器市もここと似ていた。これぞ由緒正しき陶器市とでもいった雰囲気。

一方で、いかにも信楽らしい特徴も見られた。それは、タヌキだ。手の平に乗りそうな小さなものから、人間の子どもぐらいはある大きなものまで、そこらじゅうタヌキだらけなのだ。右を見てもタヌキ、左を見てもタヌキ。タヌキ、タヌキ、タヌキである。

そういえば、信楽駅の前にも巨大なタヌキが立っており、格好の記念撮影スポットになっている。信楽へは以前にもクリスマス時期に来たことがあるが、そのときは駅前のそのタヌキがサンタの赤い服を着ていたなあ。今回はなぜか甲賀流忍者のコスプレをしていた。とにかく、信楽は「タヌキ推し」の街と言っていいだろう。

信楽駅前にデデーンと立つ巨大なタヌキ。公衆電話付きであると念のため補足しておく。

陶芸の森は広々としており居心地良し。作家市というだけあって、個性豊かな作品が揃う。

長谷園に続き、ここでもあれこれ買い漁った。すっかり散財してしまったが、それもまた予定通りだ。出展者にもよるが、全体的に値頃感はある。中には数百円で買えるものも見つかったりして、お買い得品を探し歩くのが楽しい。

再び車に乗り込み、駅前を後にする。続いて向かったのが、滋賀県立陶芸の森である。森といっても公園のようなところだ。高台につくられた気持ちのいいロケーションで、街が一望にできる。椅子が陶器でできていたり、アート系のオブジェが飾られているのもおもしろい。

こちらでは「信楽作家市」という名前で陶器市が開かれている。万人向けの駅前陶器市に対して、ぐっと垢抜けた雰囲気だ。その名の通り、いわゆる「作家モノ」が中心である。商品というよりは、あくまでも作品といった感じ。
陳列されている陶器の数々はどれも個性豊かなので、売り物ながらも見て回るだけでも楽しめる。もちろん、値段的に気軽には買えないという理由もある。地元信楽だけでなく、全国各地から出展者が集まっているようだった。自分の感性に合った、お気に入りの作家に出会えるチャンスだ。
この日は欲張って三箇所もの陶器市をめぐった。物欲にまみれた旅なのだが、三者三様だから飽きなかった。信楽の陶器市は年に二回、春に加えて秋にも開催される。窯元や陶器店などは普段から営業しているので、祭りとは関係なく訪問するのもアリだ。

12

※写真は長谷園

**春のしがらき
駅前陶器市**

住所
滋賀県甲賀市
信楽町長野192
信楽高原鐵道
信楽駅前広場

開催時期
例年、ゴールデンウィーク中に開催

電話
0748-82-2345
（信楽町観光協会）

料金
無料

駐車場
有

アクセス
信楽高原鐵道信楽線
信楽駅から徒歩1分

13

左《さ》義《ぎ》長《ちょう》まつり

あの織田信長も自ら踊り出した、まさに「奇祭」!

滋賀県
近江八幡市

琵琶湖に春を告げるお祭りなのだと聞いて、さぞかし風流で麗《うら》らかで雅なお祭りなのだろうなあと想像して訪れたら、いい意味で期待を裏切られた。風流でも麗らかでも雅でもない。むしろ、まったく逆の方向性なのだ。

ヤンキーの集会?——誤解を恐れずに言うなれば、そんな感想を持った。

とにかく勢いのある祭りである。ケンカ祭りなどという形容が分かりやすいかもしれない。左義長と左義長がぶつかり合い、お互いを打ちのめすまでバトルを繰り広げる。汗と熱気が充満した会場は、初春とは思えぬほどの体感温度に包まれる。酒の匂いもそこかしこからプンプン漂ってくる。これまで王道から奇妙なものまで日本全国、世界各地で多種多様なお祭りに参加してきたが、これほど力強い祭りは初めてだ。

その名も「左義長まつり」という。いわゆる奇祭ながら、国選択無形民俗文化財にも選択されるほどの由緒ある祭りだ。元々は安土城下で行われていたもので、あの織田信長も自ら踊り出したと言い伝えられている。実態を知ると、傾き者と言われた信長がいかにも好きそうな祭りだよなあと腑に落ちたりもする。

祭りが開かれるのは近江八幡である。運河沿いに残る歴史あふれる街並みや、大正ロマン漂う洋風建築などで知られ、琵琶湖畔ではとくに見どころが多い街と言えるだろう。メンタームを作った近江兄弟社や、バウムクーヘンで有名な洋菓子店クラブハリエなどもここに本店を構える。個人的にも関西圏ではかなりお気に入りの街なので、近江八幡で行われる祭りというだけで興味の度合いがグッと増すほどだった。

例年、祭りは三月中旬頃の土日に行われる。平成三十年の祭儀は三月十七日〜十八日となっていた。二日間にわたって開かれるが、本祭は二日目の日曜だそうで、僕も今回は十八日だけの参加だ。

メイン会場となるのは、日牟禮《ひむれ》八幡宮である。ここはガイドブックでも必ず紹介されるほどの主要スポットで、近江八幡観光の中心的存在といえる。周辺には土産物屋や食

午前中は左義長大祭を見学。いかにも神事といった雰囲気なので、邪魔にならないように。

堂などが立ち並ぶ。駅からはやや離れているが、まつりの間は臨時バスも出ている。会場近辺の道路は進入禁止となるため、遠方から訪れる場合には自家用車よりも電車&バスのほうがベストだろう。

祭りが本格的に盛り上がるのは午後だが、僕は気合を入れて午前中から会場入りした。八幡宮の本殿で「左義長大祭」なる催しが行われると聞いたからだ。

行ってみると、厳《おごそ》かな雰囲気の中、地域のお偉いさんと思しきスーツ姿の男性たちが神妙な顔をして参列していた。式典では宮司が祝詞を奏上し、巫女による舞が奉納される。邪魔にならないよう端の方から見学させてもらったが、こちらは祭り本番とはうって変わって静謐《せいひつ》な儀式という感じで背筋が伸びたのだった。

日程表を見ると、この大祭が終了したあとは「夕方まで左義長自由げい歩」と書かれている。左義長が町内を練り歩く。パレードのようなイメージだが、「夕方まで」というのがなんだかザックリしている。とくに時間などは決まっておらず、準備ができた町内会から順次スタートするらしい。

げい歩が始まるまでの空き時間を利用して、ランチを取ることにした。日牟禮八幡宮周辺には縁日が出ているので、何にしようか迷いながら買い食いする楽しみもある。僕は参道沿いに立つ「たねや」に立ち寄った。

立派な店構えの建物の前に出ていた臨時の屋台で、「左義長そば」を注文する。一杯四百円。温かいかけそばで、具にこの地の名産品である赤こんにゃくが載っていた。これまた派手好きな織田信長が、こんにゃくまで赤く染めさせたのがその由来だという。見た目こそユニークだが、味はいたって普通のこんにゃくであることは付け加えておく。

たねやは街を代表する和菓子の名店だ。せっかくなので、食後は同店の名物「つぶら餅」も味わっていくことにした。ゴロンとした見た目はたこ焼きのようだが、工房を覗くとまさにたこ焼きのような鉄板で作っていておおっと唸った。生地はもっちり、あんこはほどよい甘さ。一個八十円で、一個から注文可能なのが気楽でいい。店内には囲炉

たねや名物つぶら餅をいただく。とりあえず三つ頼んだが、美味しくてすぐに完食した。

裏の茶屋スペースが設けられており、席に座ると無料で小豆茶も出てきた。

食べ終わったあとには、さらにまつり限定品という竹羊羹まで注文。錐で穴を空けてもらうと、竹の中に詰まった羊羹がスポッと出てくるというおもしろい一品だ。値段は三百円。我ながら、食い意地が張っているなあ。

ちなみに、たねやから道路を挟んで向かいには前述したクラブハリエも店を構えている。同店は和菓子のたねやが始めた洋菓子店であると、だいぶ前にテレビ番組で観た記憶がある。クラブハリエの方でも、店の外に臨時のテントブースを出して「あげあんぱん」などまつり限定を謳《うた》う商品を販売していた（そして、それも食べてしまった）。

お腹がいっぱいになったところで、腹ごなしをかねて街歩きをしてみる。かつては近江商人が往来していた運河に沿って、古めかしい土蔵などが立ち並ぶさまは大変絵になる。流れは琵琶湖へと繋がっており、当時は物流の大動脈だったという。

「それにしても、あたたかくなったものだなあ」

独りごち、頬をゆるめた。冬の寒さもだいぶやわらぎ、春めいた気候の中でのそぞろ歩きに心が浮きたつ。散歩して気持ちがいい季節の到来に拍手喝采を送りたくなる。

城下町らしく区画整理された通りをブラブラしているときのことだった。遠くの方からかけ声のようなものが聞こえてきた。

音がする方へと近づいて行ってみると——いたいたいた！　大きな左義長の周りを囲むようにして人だかりができていた。いよいよ、げい歩が始まるのだ。

集まっている人たちは、みな同じ色の法被を着ている。背中には町内会の名前がプリントされているのも確認できた。なるほど、チームのユニフォームのような感じなのだろう。髪の毛をピンクやイエローに染めている若者もいる。全体的に派手な装いで、傾き者のイメージをそのまま現代風に体現したような感じ。人によっては裾が広がったボンタンのようなズボンをはいていたりして、まるで暴走族のようにも見える。

荒々しいのは見た目だけではない。いざ動き始めると、左義長を担ぐ男たちは威勢のいいかけ声を上げ始めた。

「チョウヤレ」

文字にすると、そんなフレーズのかけ声だ。チョウヤレ？　意味は分からないが、耳に残りやすく音の響きもキャッチーな印象を受ける。

「チョウヤレ」

ドスのきいた低い声での合唱に交じって、まるで裏声のような高い音が聞こえてきた。ハテと気になって視線を送ると、男臭い一団の中にそこだけ煌びやかなオーラを放って

この年の左義長で個人的に印象に残ったのがこれ。信長の居城・安土城が描かれていた。

いる者がいた。長い髪を後ろでまとめ、顔には化粧を施している。

――女性？

最初は疑うことなくそう思った。しかし、少し冷静になって観察してみると、それは女装をした男性であることが分かって僕は衝撃を受けたのだった。

そういえば、信長は実は女装が趣味だった、などという説を耳にしたことがある。事の真偽は定かではないが、信長の生涯を記した『信長公記』には、化粧をして踊りを披露したという逸話が書かれているのだという。

とにかく、そんな由来が元になって、左義長まつりでは女装をして左義長を担ぐのが恒例行事となっているのだそうだ。さながら、仮装行列のような感覚だろうか。中には目をみはるほどの美人さんもいて、「本当に男なの？」と信じられない気持ちになったりもした。

一風変わっているのは左義長のダシも同様だ。デザインは町内会によってさまざまだが、統一ルールとしてその年の干支にちなんだものをテーマとするという取り決めがある。この年は戌年だったため、どのダシも犬が飾りとしてあしらわれていた。

驚かされるのは、ダシの飾りはすべて食物等の自然物によって作られていることだ。主に用いられているのは黒豆や小豆、胡麻、昆布、はまぐり、するめなど。それら素材の色を生かす形でデザインされているというが、間近で確認しない限りとても食べ物には見えない。制作には約二ヶ月も要する。それだけ精巧に作られているというわけだ。

左義長は各町内会ごとにチームを組んで出場する形になっている。この年は計十三の左義長が出ていたが、それぞれが三々五々活動しているので、どの左義長がどこを歩いているかは現地に行ってみないと分からないのもまたおもしろい。

見学をする際には基本的に自分の足で探すしかない。声のする方へと目がけて行ったり。交通整理をしているオジサンに聞いたら、

「少し前にあっちの方へ行きましたよ」

などと教えてくれるので、それを参考にしたり。散歩中に突発的に左義長に遭遇というラッキーな展開もしばしばあった。

通りの道幅は結構狭く、左義長が電線にひっかかりそうになったりもするのだが、ひょいと上手く避けて進んでいくので感心させられる。集団には小さな子どもたちも参加

していて、左義長をロープで引く形で行列の先頭を歩いているのが可愛らしい。かと思えば、すぐ後ろで左義長を担いでいる大人の男たちが、一升瓶を片手にラッパ飲みしていたりもするから奇妙な光景だ。きっとこの日ばかりは無礼講なのだろう。見るからに酔っ払いだらけで、街全体が妙に酒臭い。

「チョウヤレ」

かけ声を上げながら町内を練り歩いた左義長が、最終的に辿り着くのが日牟禮八幡宮だ。左義長を追いかけながら戻ってくると、ランチを食べた頃の空《す》きっぷりとは別世界のような賑わいを見せていた。右を見ても、左を見ても人、人、人。げい歩だけでもかなり楽しめたのだが、あれは前哨戦であり、ここからが祭りの本番のようだ。

堤防の上は見物客でぎっしり埋め尽くされている。なんとかスキマを見つけて入り込んだところで、「おおおお〜！」と歓声が上がった。

左義長と左義長がぶつかったのだ。真正面から、勢いよく、ドカーンと。左義長の担ぎ棒どうしが重なり合って、衝突部分が山のように膨れ上がっている。先頭にはリーダー役と思しき男たちが上に乗っており、担ぎ棒をぐいぐい引っ張りつつ、ピーピー笛を

左義長どうしが激突する瞬間は大迫力だ。どちらにも声援を送りたくなる。

鳴らしたりもしつつ、下で担ぐ男たちを大声で鼓舞している。

これは「ケンカ」と言われるもの。左義長と左義長による相撲のような様相を呈していた。ぶつかり合った状態のまま、お互いに牽制し合いながら、力を込める。これをどちらかが押し倒されるまで続ける。見ているこちら側もハラハラしっぱなしである。

決着がつくと、リーダーどうしが握手をかわす。勝った方も負けた方も清々しい表情をしているのが好印象だ。とはいえ、戦いは一度で終わりではなく、次々と相手を替えながら何回戦も行われる。

あちこちで歓声や悲鳴が上がる。戦国時代の合戦を再現したかのようなアツイ展開だ。

時間が経つにつれて左義長の飾りが崩壊してくるのが、戦いの激しさを物語っている。犬の顔が半分なくなっていたり、斬首されたように顔そのものがなくなっていたり。合戦前の立派な状態を見ているだけに、「あちゃあ」と目を背けたくもなった。

「左義長に近づいて怪我などをされても一切責任を負いません」

会場の立て看板には、そんなメッセージも書かれていた。確かにかなり危険度の高いまつりだと思う。参加者は当然としても、見物客も注意しないと巻き込まれる懸念がある。実際、ヨロヨロと左義長が観客席の方へと接近していって、蜘蛛の子を散らすように逃げるという危ういシーンも目撃した。興奮のあまり我を失うほどだし、写真撮影に夢中になってファインダー越しで視界が狭まっているときなどは要注意だろう。

祭りはフィナーレもまたぶっ飛んでいる。

激しい合戦を終えた左義長は、最終的にどうなるのかというと——なんと燃やしてしまうのだ。日が暮れた頃を見計らって、八幡宮の境内から運ばれた浄火が順々に左義長に点火されていく。そのあまりに激しい燃えっぷりに、僕は圧倒されてしまった。写真

我を忘れて見入ってしまう。最後は燃やして終わりというのがまた感動的だ。

を撮ろうと接近してみたが、熱すぎてすぐに逃げ帰ったほどだ。

もう大昔のことになるが、僕はアメリカで「バーニングマン」というフェスに参加したときの記憶が頭をよぎった。そのフェスでも、最終日の夜にシンボル的存在の大きなオブジェに火をつけるのだが、みんなでテント泊をしていただけに、あれは大規模なキャンプファイヤーのような楽しさがあった。

翻ってここは日本、それも時代がかった風景が広がる近江八幡の旧市街である。暗闇の中、各所から火の手が上がるさまは、大名同士の合戦により城が落城したかのようで、終息感と儚さのようなものが込み上げてきた。ここだけの話、ホロリと涙まで流してしまった。見ているだけの人間がこれほどまでに感動するのだから、当事者である左義長をかついでいた若者たちなどは相当に感慨深いものがあるはずだ。
燃えさかる炎が消える前に帰路につくことにした。酒臭い会場から退散する途中、そういえば自分自身は酒を飲んでいないなあといまさらながらに気がついたのだった。

13

左義長まつり（日牟禮八幡宮）

住所
滋賀県近江八幡市宮内町257

開催時期
例年、3月14日・15日に近い土・日

電話
0748-32-3151

駐車場
無

アクセス
JR近江八幡駅からバス6分

14

船岡温泉《ふなおかおんせん》

文化財にも登録された伝説の銭湯は絶賛営業中。15時の開店と同時に常連客がひっきりなしに訪れる。寺社観光とはまた違った京都を体験できる裏名所だ。湯上がりには、近所にある同じく銭湯を改造したカフェ「さらさ西陣」で小休止も。

●住所：京都府京都市北区紫野南舟岡町82-1
●営業時間：月～土／15時～25時　日／8時～25時
●料金：430円
●電話：075-441-3735
●アクセス：京都市営地下鉄烏丸線鞍馬口駅から徒歩20分

奈良県大和郡山市

15

大和《やまと》郡《こおり》山《やま》

大和郡山は金魚の故郷として知られる。グーグルマップで周辺地図を確認するとパッチワークのように多数の水場が点在しているように見えるのだが、これらは金魚の飼育場だ。「郡山金魚資料館」など観光客向けの施設も用意されている。

※郡山金魚資料館
●住所：奈良県大和郡山市新木町107
●電話：0743-52-3418　●営業時間：9時～17時
●定休日：月曜　●駐車場：有
●アクセス：近鉄郡山駅から徒歩10分

大阪府吹田市

16

太《たい》陽《よう》の塔《とう》

48年ぶりに内部が一般公開されたと知り早速見に行ったら、大阪万博当時を知る世代がうらやましくなった。古さを感じさせないのはさすがは岡本太郎。ニュースになるほど予約が殺到中だが、随時空きも出ているのでこまめにチェックすべし。

●住所：大阪府吹田市千里万博公園
●料金：700円（別途、自然文化園入園料が必要）
●営業時間：10時～17時（最終入館16時30分）
●休館日：毎週水曜（祝日の場合は翌日）　●駐車場：有（4300台）
●アクセス：大阪モノレール万博記念公園駅から徒歩5分

兵庫県篠山市

17

丹波立杭《たんばたちくい》

日本六古窯に数えられる丹波焼の地。自然豊かな山里らしい景観の中、伝統工芸品に触れられる。総合施設「陶《すえ》の郷《さと》」では50軒以上もの窯元が集結した直販スペースが設けられ、まるで陶器市のよう。現存する最古の登り窯もここにある。

※陶の郷
●住所：兵庫県篠山市今田町上立杭3
●営業時間：4月～9月／10時～18時　10月～3月／10時～17時
●料金：200円　●電話：079-597-2034
●休館日：なし　●駐車場：有（60台）
●アクセス：JR福知山線相野駅からバス10分

第3章　グルメ・お酒

18

伏見《ふしみ》の酒蔵《さかぐら》巡《めぐ》り

"カッパのCM"の酒蔵で一杯百円の新鮮な生酒体験

京都府京都市
伏見区

伏見といえば太閤秀吉がその晩年を過ごした地だ。安土桃山時代の「桃山」とは伏見のことを指す、という説明は不要だろうか。大阪と京都、奈良を結ぶ交通の要衝に天下人が城を築いたことで桃山文化が開花、港が整備され水運が発達した。

かつての水の都はいま、無数の酒蔵が立ち並ぶ日本屈指の酒所となっている。美味い酒に出合えそうな予感がして、ソワソワしながら伏見へ出発した。実は訳あって禁酒生活を強いられていたのだが、それを解禁するにあたって記念に訪れたというのが旅のきっかけである。要するに、飲む気満々だったわけだ。

まず向かったのは、「黄桜《きざくら》 伏水蔵《ふしみぐら》」である。カッパのマークでお馴染みの黄桜は、伏見の酒蔵の中でも月桂冠《げっけいかん》と並ぶ最大手と言っていいだろう。ここ伏水蔵は、黄桜本社の

伏水蔵は黄桜の工場の一角にある。入口ではお馴染みのカッパが出迎えてくれた。

敷地内にオープンした施設で誰でも無料で入場できる。
いわゆる工場見学が楽しめるスポットなのだが、最大の特徴は日本酒造りに加え、地ビールの醸造工程も一緒に見学できることだ。同社が販売している「京都《きょうと》麦酒《ばくしゅ》」は京都初の地ビールとして造られたもの。日本酒はもちろんのこと、ビールはビールで気になる酒好きな旅人としては一石二鳥でありがたいのだ。
黄桜では日本酒もビールも同じ水を使用している。その名も「伏水《ふしみず》」。この地はかつて「伏水」とも記されていたことから、命名されたのだという。
伏見で酒造りが盛んになったのは、古くから良質な地下水に恵まれていたためだ。天然の湧き水は適度にミネラルを含んだまろやかな中硬水で、酒造りに適したものだった。この水のお陰で、きめが細かく口当た

日本酒だけでなく、地ビールの醸造工程も同時に見学できるのが素晴らしい。

伏見市内の某銀行のショーウィンドウには、各社の酒樽がずらりと並んでいた。

りが柔らかい酒が出来上がるのだ。

　工場見学ではそういった酒造りの基礎知識を学んだうえで、製造工程を順に追っていく流れになっている。コースは五つものフロアに分かれており、見応えたっぷりだ。できたての地ビールや日本酒が味わえるレストランも用意されている。

　この日は車ではなく電車で伏見へやってきた。もちろん、気兼ねなく酒蔵巡りをするためだ。伏水蔵は伏見の市街地からはやや離れた場所に位置するのだが、京阪《けいはん》電車中書島《ちゅうしょじま》駅から無料のシャトルバスが出ている。帰路は繁華街に近い同社のもう一つの観光用施設「カッパカントリー」を経由するので、駅まで戻らずにここでバスを途中下車して、そのまま市内散策へ繰り出すのがオススメだ。

カッパカントリーもまた展示コーナーが充実しており、酒造りの秘密に迫れるスポットなのだが、ここで気になる光景に出くわした。地元の人と思しき普段着の男性が大きなボトルに水を汲んでいたのだ。先述した伏水はまさにこのカッパカントリー内に湧き出ており、それを取水するための蛇口が設けられている。

伏見の街中ではあちこちにこういう水汲み場があって、人々が水汲みにやってくる。そして、その水でご飯を炊いたり、コーヒーを淹れたりするのだという。名水は酒造りだけではなく、人々の生活に欠かせないものとなっている。

伏水蔵同様、カッパカントリーでもショップやレストランが併設され、日本酒や地ビールを試飲できる。それも、広々とした中庭スペースに椅子とテーブルが設置されており、屋外で飲めるところが魅力的だ。

僕が訪れたときは直営店限定の生酒と純米吟醸酒の二種類が用意されていた。有料ではあるものの、いずれも一杯百円と格安なので欲張って二種類とも飲んでみることにした。口当たりがいいからグングン進む。あっという間に飲み干してしまい、続いて地ビールで口直しをすることにした。順序が逆な気もするが、まあいい。

　どれも美味しかったが、衝撃を受けたのは生酒だ。フレッシュな味わいなのだろうなあと想像はしていたのだが、飲み口が柔らかい割にはしっかりとした存在感がある。普段飲んでいるお酒とは根本的に違う、新鮮な飲酒体験に好奇心が刺激された。

　禁酒明けは酔いが回るのが早い。すっかりいい感じに出来上がってしまい、いかんいかんと重い腰を上げて街の散策を再開する。千鳥足で当て所《ど》もなく歩いていると、時代劇にでも出てきそうな古めかしい家屋が目の前に現れた。

　ハテ、なんだろうか――と近づいて見ると、「旅籠 寺田屋」と看板が出ており、その横に「坂本龍馬」と書かれていたから「アッ!」と驚いた。そう、龍馬が襲撃されたという、あの「寺田屋事件」の舞台となった場所がここなのだ。

　内部を見学できるようだが、このときはあいにく時間が遅くてもう閉まっていた。ともあれ、偶然通りかかった場所が歴史上の重要スポットだった、というパターンはうれしい。酔いも回って気が大きくなっていたから、なおさら感激してしまった。

　さらに歩を進めていくと、伏見城の外堀だったという運河に出た。川に沿う形で白壁

歴史的建造物も多い伏見だが、寺田屋は風格が違うと感じた。偶然出合えてラッキーなのだ。

の土蔵が建ち並ぶ。目にしたなら誰もがきっと写真を撮りたくなるような、フォトジェニックな景観だ。これは伏見を代表する酒造メーカー、月桂冠の酒蔵である。

　そこから近くの水面に、数艘《そう》の船が停泊していた。木造の屋形船のような外観をしており、柳の木が並ぶ運河沿いの光景もあいまって、これまた妙に時代がかって見える。江戸時代に水運を担っていた「十石舟《じっこくぶね》」を再現したものだ。当時はできた酒をこの十石舟で運んでいたというから、これまた酒所らしい乗り物である。

運河に佇む十石舟。ほろ酔い気分で遊覧クルーズしたら、
きっと最高だろうなあ。

十石舟は現在は遊覧船として運航しているが、寺田屋同様これまた時間が遅かったせいでその日の運航はもう終了していた。酒が目的だからと油断してしまい、いつもより出たのが遅かったのだ。かくなるうえは観光は切り上げ、飲みへと移行したい。

実は伏見ではぜひとも立ち寄りたい店があった。「鳥せい本店」という居酒屋だ。元々は酒蔵だった建物を改装した店内は広々としている。テーブルの隅に酒樽がインテリア風に置かれていたりして、まさに酒好きにとって聖地のような店だ。

生の原酒一杯に、焼き物が五本付いた

「ほろ酔いセット」からまずは酒宴を開始――といっても一人酒なのだけれど。メニューを見ると、いかにも居酒屋といった内容のつまみ類が並んでいる。適当にいくつか頼み、出てきた料理をなんとなく写真に撮っていると、隣のおじさんに声をかけられた。

「にいちゃん、ええカメラ使ってるね～」

いえいえ……と恐縮しながら、そのまま一言二言会話を交わす。おじさんはちょうど締めたところだったようで、そのまま帰っていった。これぞ酒場の交流なり。

自分のような観光客も多い一方で、常

旅先でありつく一人酒。おつかれさまと自分を労う。ホロリと泣ける瞬間だ。

連さんと思しき地元の人たちも飲みに来る。気取った店は苦手な人間としては、店に漂うゆるい空気に居心地の良さを覚えた。近所にあったなら通ってしまいそうだなあ。
店を出る頃には完全に酔っ払い化していた。そろそろ帰ろうかと駅へと向かったのだが、途中で気が変わって二軒目に突入してしまったのはここだけの話である。

18

黄桜 伏水蔵

住所
京都府京都市
伏見区横大路下
三栖梶原町53

開館時間
10時～16時

電話
075-644-4488

料金
入場無料

アクセス
京阪電車中書島駅
から徒歩20分

19

「そばの街」で人生初の〝はしごそば〟を

出石皿《いずしさら》そば

兵庫県
豊岡市

兵庫県豊岡市にある出石は、「そばの街」として名を馳せているのだという。それを聞いて、「関西なのにそば?」と僕は素朴な疑問を抱いた。同じ麺でも、関西の人たちはどちらかといえば、そばよりもうどんの方を好みそうなイメージがあるからだ。

その疑問の答えに辿り着くには、十八世紀初頭にまで時代を遡る必要がある。当時出石は松平氏が治めていたが、国替えにより信州上田城主だった仙石《せんごく》氏がこの地にやってきた。こう書いただけで、鋭い人なら想像がついたかもしれない。信州といえば、言わずと知れたそばの産地である。いや、聖地と言ってもいい。

引っ越しの際に、仙石氏はそば職人を信州から連れてきたという。本格的なそばづくりの技法が伝わったことで、この地でそば文化が花開いたわけだ。現在では約五十軒ものそば屋が立ち並ぶ、関西屈指のそばどころとして知られるようになった。

　出石は五万八千石の小さな城下町で、「但馬《たじま》の小京都」などとも称される。風光明媚な街並みの中に、そば屋が乱立している様はなんだか不思議だ。右を見ても、左を見てもそばの看板といった具合。本当にもう、そこらじゅうそば屋だらけなのだ。ここまで狭いエリアにそば屋が密集しているところは、関東にもない気がする。

　そばの食べ歩きを始めるにあたって、最初に訪れたのが「いずし観光センター」だった。出石城跡の目の前という便利な

永楽通宝で皿そばを食べたら、巾着の裏にその店のハンコを押してもらう。

立地で、大きな駐車場もある。ここにクルマを停めて、歩いて見て回ると効率が良さそうだ。

まずは、観光センターで販売している「出石皿そば巡り巾着セット」を購入した。加盟店の中から好きな店を三軒選んで食べ歩きができるもので、一セットが千八百円。ちりめんの巾着の中に、永楽通宝《えいらくつうほう》の硬貨が三枚入っており、食事の際にはそれぞれのお店に硬貨を一枚ずつ支払うという、なかなか凝った仕組みになっている。

ちなみに、なぜ永楽通宝なのかというと、仙石氏の家紋だったからだ。ちりめんの巾着には、同氏の旗紋である「無」の文字もあしらわれている。仙石氏といえば、豪腕で知られた武将・秀久の名は僕もよく知っている（そういえば、彼を主人公としたマンガもある）。今回はあくまでもそばが目的ではあるものの、戦国好きとしては思わずニヤリとしてしまった。

さて、どこに食べに行こうか——巾着セットで食べられる店のリストを見ると、計三十八店舗も載っている。数が多すぎて選びきれないのだが、リストには各店のざっくりとした味の傾向が書かれていて参考になった。「そばの色」「そばの太さ」「ダシの甘辛」

といった三項目について、目安が記してあるのだ。

　思案したすえ、最初はオーソドックスな方がいいだろうということで、色と太さが「普通」と書いてある中で、距離的に近かった「たくみや」という店へ向かった。後になって振り返ってみると、今回訪れた三軒の中ではもっとも雰囲気が洒落ていた。

　出石そばの最大の特徴ともいえるのが、「皿そば」というスタイルだ。茹でたそばは、複数枚の小皿に盛られた状態で出てくる。一人前が五皿というのが標準的である。値段は店によっても違うが、だい

記念すべき１店目の皿そば。器の美しさや、薬味の種類の豊富さに目がいく。

たい七百五十円から九百円ぐらい。

「その巾着はなんですか？」

食事をしていると、隣に座っていたカップルに声をかけられた。僕と同じようにそば屋巡りをしているのだという。巾着セットについては、存在を知らなかったようで、仕組みを説明すると感心していた。

「千八百円で三軒ってことは、二軒の料金で三軒行けますね」

頭の中で算盤を弾いたのだろう。たくみやは一人前が九百円だったから、そのままだと仰る通りなのだが、実はカラクリがある。通常は一人前は五皿だが、巾

2店目も皿そば、つゆ、薬味、卵と基本構成は同じながら、細かな違いがある。

我が国最古級の時計台と言われる「辰鼓楼」。但馬の小京都・出石のシンボル的存在だ。

着セットでは三皿というルールになっているのだ。つまり、合計すると三店舗で九皿という計算になる。お得ではないどころか、普通に頼むよりも少し割高なのだ。

一皿の量は小盛りなのでペロリと平らげてしまう。お皿は追加することが可能で、一皿百五十円ぐらい。三皿食べただけでは物足りなさが残ったが、まだ一軒目である。お代わりをしたいところをグッと堪え、続いて次の店へ移動することにした。

最初の店はリストによるとダシが「やや辛」だったので、次は逆に「やや甘」となっている「湖月堂《こげつどう》」という店をセレクトした。「たくみや」から歩いて五分もかからない距離で、はしごがしやすいのがうれしい。

食べてみて、やはり味がずいぶん違うなあという感想だが、加えて店のロケーションの良さも気に入った。湖月堂は、出石のシンボル「辰《しん》鼓楼《ころう》」の目の前にある。時刻を報せる太鼓を叩くための施設であり、我が国最古級の時計台として親しまれている。店の二階席からは、その辰鼓楼を眺めながらそばを味わうことができるのだ。

出石そばは食べ方にも特徴があって、薬味が充実している。山芋とろろにネギ、大根おろしのほか、卵が丸々ひとつ付いてくる。徳利からそば猪口へダシを入れ、それら薬味を好みに応じて加えていく。卵は一軒目では生だったが、二軒目では温泉卵が出てきた。店ごとの細かい違いを比べるのが楽しい。ともあれ、そばに卵が丸々一個付いてくるのはユニークで、出石そばならではと言えそうだ。

巾着セットでは三軒まで食べ歩きができるが、二軒目を終えた時点ですでに結構お腹いっぱいになってしまった。そこで、いったん小休止して、街を散策することにした。

出石は城下町だけあってそば以外にも見どころが豊富だが、とりわけ興味を惹かれたのが宗鏡寺《すきょうじ》である。ここは元々は山名氏の菩提寺として創建されたが、その後荒廃し、沢《たく》庵《あん》和尚により再興された。それゆえ、「沢庵寺」という通称を持つ。

旅をしていて、ご当地マンホールを見つけると、ついつい地面にカメラを向けてしまう。

沢庵和尚といえば、個人的には吉川英治の『宮本武蔵』を思い出すのだが、寺へ行ってみると意外な事実が判明した。実際には武蔵と和尚は面識がなかったのだという。小説はあくまでも創作にすぎない、というわけだ。

ほかにも、出石城趾にも足を運んでみた。建てられたのが江戸時代初期と比較的新しい城だ。背後に聳える山の上には、戦国期にこの地を治めていた有《あり》子《こ》山《やま》城というまた別の城も建っている。平和な世の中になったことで山城は破棄し、より利便性の高い平城へと移行した一例と言えるだろう。いまのような城下町が形成されたのは、出石城が築城されてからだ。二〇一七年には両城揃って「続日本百名城」にも登録されている。

腹ごなしをしたうえで、改めて三軒目のそば屋へ突入する。城を見学して戦国気分が盛り上がった流れで、その名も「官兵衛」という店を見つけたので即決（もちろん、黒田官兵衛とは無関係の店だと思うが……）。

例のリストによると、そばの色、太さ、ダシの甘辛すべてが「普通」となっていた。つまり、スタンダードな出石そばが食べられる店なのだろう。先の二軒とはやはり微妙な違いがあって、たとえば卵が赤玉だったし、食後にそば湯も出てきた。

それにしても、そばの麺自体は三軒と

3店目にもなると勝手も分かってきた。どの店も美味しくて甲乙付けがたい。

も文句なしで美味い。いかにも手打ちといった感じのフレッシュさなのだが、その日食べる分だけ製粉するのもまたこの地のそばの特徴なのだという。挽きたて、打ちたて、茹がきたて——伝統の三たてを守っている。

ほかにも、どの店も猪口や皿などの器が妙に立派なのも気になった。白色を基調としたお皿が基本なのだが、これこそは「出石焼」といってこの地の特産品である。透明のガラス質の釉薬を用いて、純白の原料を使い焼かれた磁器だ。ざるではなく、お皿に盛られて出てくるわけで、器のクオリティは印象を大きく左右する。皿そばスタイルにこだわるうえで、この出石焼は無視できない存在というわけだ。

最後の三軒目ということで、出てきた三皿を平らげた後は欲張ってお代わりを注文してみた。食べ終わったお皿を重ねていると、まるで回転寿司の店に来たかのようだ。岩手名物のわんこそばと方向性は似ているが、こちらは冷たいもりそばである点が違う。

フト、隣の席を見ると、家族連れの客がテーブルの上に大量にお皿を積み上げていた。この店では、二十皿以上を食べたら記念品が贈呈されるのだという。パッと見た感じ、二十皿は余裕でクリアしていそうで羨ましくなった。

帰り際にたまたま目にしたポスターで、「そば喰い大会」なるイベントが宣伝されていたのにも興味を惹かれた。昨年の優勝者が出ていたのだが、個人戦総合優勝はなんと百十皿も食べたのだというから仰天した。それは男性だったのだが、女子の部というのもあってそちらは九十六皿と書いてある。いやはや、どうかしているのだ。

翻って自分はというと、この日食べたのは計十皿という結果に終わった。そば屋へ行くと天ぷらなんかも一緒に食べたりもするが、純粋にそばのみで十皿。それでも自分としてはがんばった方なのだけれど……。

19

出石皿そば

住所
兵庫県豊岡市
出石町付近

電話
0796-52-4806
（出石観光協会）

駐車場
付近に有料駐車場
複数あり

アクセス
JR豊岡駅から
バス30分

20

いつも飲んでいる「コーヒー」をとことん深く知る

UCCコーヒー博物館《はくぶつかん》

兵庫県
神戸市

十月一日が「コーヒーの日」であるとご存じだろうか？　正直言って、僕は知らなかった。ＵＣＣコーヒー博物館はまさにその「コーヒーの日」にオープンした施設だ。

旅のきっかけは、神戸空港内に掲示されていた同施設の広告だった。調べてみると、コーヒーの歴史や文化について一通り学べるスポットだと分かった。

「コーヒーの博物館なんて珍しいなあ……」

と興味を引かれ、訪れてみたのだ。場所は空港もあるポートアイランド内で、近所にはイケアなんかもある。ポートライナーで行くなら最寄りは南公園駅だ。

駅の目の前の全面ガラス張りのビルには、お馴染みの「ＵＣＣ」のロゴが躍っていた。

どうやらこれがＵＣＣの本社で、その隣の丸っこい形をした建物が博物館らしいと到着

ポートライナーを降りたら駅のすぐ目の前という便利な立地。手前の建物が博物館だ。

してまずは理解する。

入館料三百円を支払って中へ入ると、吹き抜け構造で広々とした空間が現れた。入口のある一階からいったんエスカレーターで最上階へ上り、ゆるやかなスロープに沿って下のフロアへ移動する流れとなっている。

最初の展示室ではその起源にまで遡る。

コーヒーが発見されたのは、アフリカ東部に位置するエチオピアだった。個人的にもアフリカの中ではとくに思い入れのある国だ。これまでに二度訪れたことがあるが、同国の印象といえばやはりコーヒーが真っ先に思い浮かぶ。街中にはカフェがあふれ、歩き疲れたらコーヒーで一服というのが旅の日課になっていたのを思い出す。

同国ではコーヒーの飲み方が一風変わっていること

エチオピアのカリオモンで使用される用具。現地での体験を懐かしみながら見学した。

も特徴的だ。現地の人たちは「コーヒーセレモニー」と呼んでいたが、博物館では正式には「カリオモン」と言うのだと紹介されていた。専用の用具なども展示されていて懐かしくなった。

セレモニーではコーヒーを淹れる一連の過程を客の目の前で執り行う。生豆を炭火でじっくり炒ることから始め、ポットで煮出して、一杯ずつ丁寧にカップへ注いでいく。当然時間がかかるが、淹れ終わるまでのんびり会話を楽しみつつ待つのもまた至福の時間である。現地で実際に体験してみて、僕は日本の茶道にも通ずるものがあると感じたが、博物館でも同じようなことが書かれていてうれしくなった。

エチオピアで誕生したコーヒーはそこから対岸のアラビア半島へ伝来する。当初はイスラム教徒たちが秘薬として飲んでいたという。

コーヒーはカフェインの影響で頭がスッキリして眠気覚ましになることはよく知られている。ほかにもダイエットや、糖尿病、認知症、さらにはガンの予防にも効くのだと館内では書かれていた。そう言われると、元々は秘薬だったという説にも納得がいく。

コーヒーがヨーロッパに伝わったのは十七世紀である。最初は悪魔の飲み物として恐れられたが、ローマ教皇が洗礼を施してからキリスト教徒の飲み物として認められた。その後、需要が爆発的に増加していくが、ヨーロッパでは気候的にコーヒー作りが不可能だったため、アフリカや中南米の植民地で栽培されるようになる。

我が国へ伝わったのは十七世紀後半の江戸時代のことで、長崎の出島にオランダ人がもたらしたとされる。当時コーヒーを飲んだ役人は、「焦げくさくて美味しくない」という感想を書き残している。コーヒー文化が本格的に花開くのは明治維新後だ。

とまあ、そんな感じで最初の展示室だけでもうすでに興味深い内容だらけで、だいぶ時間を要してしまったのだが、展示室は全部で六つもある。起源に続いて、順に「栽培」「鑑定」「焙煎」「抽出」「文化」というテーマが設定されている。盛りだくさんの内容と言えるだろう。

とくにおもしろかったのは、栽培の様子から収穫されたコーヒーが生豆になるまでの工程だ。コーヒーの実は「コーヒーチェリー」などと呼ばれる。その名の通り、真っ赤な色をしておりサクランボのような外見であることは、僕自身も実際にコーヒーの木を目にしたことがあったのですぐに理解できた。

これまたアフリカの話になるが、タンザニアでキリマンジャロ山の麓にある農園を見学させてもらったことがあるのだ。旅というのは経験や知識の積み重ねで成り立っているところがあって、過去に見聞きしたことがフトした瞬間に役に立ったりもする。

展示室「鑑定」に置かれていた焙煎機。これで豆を炒って味や香りを検査する。

コーヒーを栽培する国を地球儀で説明。赤道の近くに集まっていることが分かる。

壁を埋め尽くしているのは生豆を入れる麻袋。国によってデザインが違う。

この赤いコーヒーチェリーの中に入っている種子が、コーヒー豆になる。一本のコーヒーの木から採れるコーヒーチェリーは約三キロで、そこから生豆が五百グラム取れ、焙煎して四百グラムになるという。これはスーパーなどでよく見かける「ＵＣＣゴールドスペシャル」一袋分と同じ量で、約四十杯しか作れないという説明が分かりやすい。

一通り見学を終えた後には、「コーヒークイズ」という復習できるコーナーが設けられていた。設置されたＰＣを操作してクイズに答えるのだが、難易度は高めだと感じた。館内の展示でしっかり学習

テイスティングでは味比べだけでなく、色や香りの違いにも注目したい。

していないと解けない問題ばかりだった。

計五問で、全問正解すると「コーヒー大博士」に認定され、なんと無料で一年間入館できる資格が得られる。自分はというと……惜しくも四問正解だった。四問だと「コーヒー博士」と「大」が付かない認定証が発行される。ともあれ、気のきいた演出だなあと感心させられた。

ほかにも全体を通して、展示方法に工夫が感じられる博物館という感想も持った。たとえば生豆の詰まった麻袋がどれほど重いかを体感できたり、その麻袋の各国バージョンがまるで絵画のように壁に貼られていたり。

一つ驚いたことがあって、館内にはなんとジャマイカの領事館が入っていた。ジャマイカといえばブルーマウンテン・コーヒーの産地として知られるから、同社との縁も深いのだろうか。名誉領事館とのことだが、ビザの発給などもここで受けられるというかららただのお飾り的存在ではない。

お待ちかねのテイスティングコーナーも用意されている。このときはモカとキリマンジャロの二種類が小さなカップで提供された。美味しいけれど、正直飲み足りない。そこで帰り際、併設された喫茶室へも立ち寄ろうとしたのだが、めちゃくちゃ混雑していた。入店できるまでかなり待ちそうなので、あきらめて帰路についたのだった。

20

UCCコーヒー博物館

住所
兵庫県神戸市中央区港島中町6-6-2

開館時間
10時～17時
（最終入館16時30分）

休館日
毎週月曜
（祝日の場合は翌日）

入館料
300円

電話
078-302-8880

アクセス
神戸新交通ポートライナー南公園駅から徒歩1分

21

和《わ》束《づか》の茶《ちゃ》畑《ばたけ》

おもわず「一目惚れ」する一面の茶畑！　茶畑！　茶畑!!

京都府相楽郡
和束町

「本当にこの道で合っているのだろうか……」

そんな不安を覚えるほど険しい山道を車は走った。道幅はかなり狭く、対向車が来たらそのままではすれ違えないほどだ。離合《りごう》——いったんバックなどして待避スペースへ入り、対向車をやり過ごすことを西日本ではこう呼ぶのだとか——を繰り返しながら、ようやく峠を抜けると、視界がパッと開け青々と色づいた小高い山が現れた。

「ぬおおおおっ！」

興奮のあまり、ハンドルを握りながら思わず声を上げてしまった。

かまぼこのような形をした無数の畝《うね》が山の斜面を埋め尽くしている。あれこそは今回の旅のお目当て、茶畑である。車を路肩に停め、カメラを持って外へ出た。目にしたら

険しい峠道を抜けた先に、こんな素敵な景色が現れたなら感動するに決まっている。

写真に撮らずにはいられないほどの美景が広がっていたのだ。

京都府南部の和束町を訪れていた。いわゆる「宇治茶」の生産地として知られる町だ。道中が結構な難所だったがゆえに、なんだか桃源郷へ辿り着いたような気分なのだが、ここはまさに「茶源郷」などと呼ばれているという。

茶源郷か、なんて素敵な愛称なのだろう。旅をしていると、しばしばその土地に一目惚れすることがある。到着したばかりで早くも魅了されてしまったのだった。

差し当たってのカーナビの目的地に設定していた和束町観光案内所に僕はまず向かった。茶畑を観に来たわけだが、そこらじゅう茶畑だらけである。無闇矢鱈と見て回るよりも、要所となる場所について情報収集したい。案内所を尋ねてみると、応対してくれたスタッフの方が妙に親切でホンワカした気持ちになった。

「写真を撮るならこの茶畑がオススメです。車ならこの道を真っ直ぐ行って……」

地図を広げて行き方の詳細などを教えてくれた。これだけたくさんの茶畑が点在しつつも、とくに見応えがある茶畑というのがいくつか決まっており、代表的なものは「京都府景観資産」にも登録されている。和束で茶畑巡りをするなら、とりあえずはそれらを道標とするのが分かりやすそうだ。

もらった地図がサイクリングマップだったことも気になった。聞くと、レンタサイクルなどもあるという。マップには具体的なサイクリングコースが何種類か紹介されており、最も短いもので走行時間が約四十分からとなっている。フォトジェニックな場所を探しながらのんびり見て回るのなら、確かに自転車も移動手段としては悪くない。

道はアップダウンが激しく、茶畑から茶畑へと移動するのには坂を上ったり下ったりしなければならない。レンタサイクルはすべて電動アシスト自転車とのことなので、その点は問題なさそうだが、いずれにしろ季節と体力次第と言えるだろう。

石寺の茶畑を見渡せる絶景の休息スポット。いつまでも見ていたくなる。

最初に向かったのは「石寺の茶畑」である。ここは和束を代表する茶畑だ。行ってみて、写真で事前に見て憧れていた絶景がまさにこの茶畑だった。ビュースポットが設《しつら》えられており、山がちな地形の中に茶畑がビッシリと並んでいる様を遠景で望める。鮮やかな緑色をした畝が階段状に並び上へ上へと続いている。ジャンルが違うが棚田の風景にも通ずるものがあると感じた。喩えるなら「天国への階段」のようだ。

和束でも西側に位置するこの茶畑は、「早場《はやば》」と呼ばれ、四月下旬にはもう茶摘みが始まるのだという。僕が訪れたのは五月初旬頃。お茶の旅のベストシーズンである。ちょうど新茶の時期を目がけてこの地へやってきたのだ。

「茶摘みはいまはもう機械化されていて、一気にやるんですよ」とは、観光案内所の人に聞いた豆知識だ。茶摘みというと、カゴを持って手作業で摘んでいくイメージがあったが、さすがにそんな昔ながらのやり方だと効率が悪すぎることは素人でも想像できる。

一方で、観光客向けに茶摘み体験ができる茶畑もあって、そういところでは手作業での茶摘みが楽しめる。受付をしているのは「和束茶カフェ」だ。茶葉や関連商品、野菜の産直なども行っている施設で、大型の駐車場を完備している。いわば、街のランドマーク的存在である。

おもしろそうなので、自分も参加できないか相談してみたが、あいにく断られてしまった。茶摘み体験は事前予約

まずは和束町観光案内所で情報収集するのがオススメ。地図なども無料で配布している。

観光案内所前の自販機ではペットボトル入りの和束茶が売られていた。茶畑見学のお供に。

制だそうで、当日参加は不可なのだとか。いやはや、残念無念。まあでも、突発的に思い立った半日旅だから仕方ない。

せっかくなので、ここで茶葉を土産に買って帰ることにした。自分用に加え、親しい友人たちにばらまく分も買ったが、値段が手頃で少量のパックもあるのがうれしい。

和束でお茶作りが盛んなのは、冷涼な気候で、昼夜の寒暖差が大きいこの地がお茶づくりに適しているからだ。和束町は宇治茶の主産地である。宇治茶といえば高級煎茶の代名詞。僕のようにミーハーな旅人は、国内最高峰のお茶の生産地で買ったと思うと、それだけでありがたいものに思えてくるのだった。

店頭には多種多様なお茶が並んでいるが、多くは「宇治茶」ではなく「和束茶」と書かれている。そういえば、和束は宇治茶の産地ながら、住所は正確には宇治市ではないことが不思議だったのだ。その理由を知って、へえと僕は唸った。

一般的に宇治茶と呼ばれるものは、宇治でお茶を販売している業者が独自にブレンドして味を調えたものを指す。茶葉自体は和束をはじめとした宇治周辺の産地で作られているのだという。つまり、厳密には和束茶と宇治茶は別物であり、混ぜ物ではない純粋にオリジナルの茶葉なのは和束茶というわけだ。

石寺の茶畑や和束茶カフェがある西側エリアを後にして、続いて向かったのは逆サイド、街の東側に位置する「原《はら》山《やま》の茶畑」だ。鎌倉時代に和束に初めてお茶の木が植えられたのがここと言われている。由緒ある茶畑なのだが、さらにはその独自の景観でも人気を集めている。なんと茶畑が円形につくられているのだ。

「原山の茶畑は車では入っていけないんですよ。県道沿いのバス停脇にスペースがあるので、そこに停めて歩いて登っていってください。所要時間は……そうですね、片道だいたい三十分ぐらいかな」

兵庫県加古川市

24

かつめし

ご飯の上にカツレツを載せて、デミグラス系のソースをかける。付け合わせに茹でたキャベツ。どこか懐かしい洋食系の一品は加古川市の名物だ。発祥の地とされる加古川駅前通りにある「いろはーず」はメニューの種類が豊富でオススメ。

※いろはーず
●住所：兵庫県加古川市加古川町寺家町142-1
●営業時間：11時～15時（LO14時30分）　17時30分～21時（LO20時30分）
●電話：079-490-3389　●定休日：水曜
●駐車場：有（近隣にコインパーキング）
●アクセス：JR加古川駅から徒歩2分

京都府福知山市

25

鳥《とり》名《な》子《ご》の鴨《かも》すき

めがけて行きたい名店の筆頭。旅の途中、福知山でたまたま立ち寄って虜になり、以来、繰り返しお取り寄せまでしているほどのお気に入り。東京にも支店があるが値段が違う。しゃぶしゃぶする時間はねぎが5秒、お肉が15～20秒を守って。

●住所：京都府福知山市御霊神社裏参道前
●営業時間：平日・土曜／17時～23時、日・祝祭日／17時～22時
●電話：0773-22-1804
●駐車場：有（20台）
●アクセス：JR福知山駅から徒歩10分

兵庫県たつの市

26

揖《い》保《ぼ》乃《の》糸《いと》資《し》料《りょう》館《かん》 そうめんの里《さと》

揖保乃糸といえば素麺の代名詞的存在。そうめんの里館内の資料館では、遣唐使によって伝えられたとか、昔は宮中のおもてなし料理だったなど、素麺のルーツについて学べる。揖保乃糸を使用した各種メニューが味わえるレストランも。

●住所：兵庫県たつの市神岡町奥村56番地
●電話：0791-65-9000
●営業時間：9時～17時（最終入館16時30分）
●休館日：毎週月曜（祝日の場合は翌日） ●駐車場：有（70台）
●アクセス：JR姫新線東觜崎駅から徒歩15分

第4章 神社・仏閣

27

地蔵院《じぞういん》／かぐや姫御殿《ひめごてん》

「一休さんの修行寺」と「竹取物語の発祥地」を両方よくばる

京都府京都市
西京区

それほど大きな寺ではない。これはまったくの個人的なイメージにすぎないが、数ある京都の寺の中でも観光地としての知名度はそれほど高くない気がする。正式名称は「衣《え》笠山《りゅうざん》地蔵院」という。宗派としては臨済宗系の寺になる。

地蔵院が位置するのは、京都市内から嵐山へ向かう途中の、松尾という地域だ。阪急嵐山線の上桂《かみかつら》駅を降りて、閑静な住宅街を抜けた先にひっそりと佇んでいる。派手な看板なども出ておらず、知る人ぞ知る隠れスポットのような雰囲気が自分好みだ。

境内へと足を踏み入れると、「とんちで有名な一休さん生誕の地」と説明書きがあった。例によってほとんど予備知識もない状態——予習はほどほどにしたほうが新鮮な気持ちで旅が楽しめるのだ——で訪れていたから、へえそうなのかと驚いた。

竹林をバックに佇む門構えを目にして、ああ素敵なところへやって来たなあと実感。

一休さんは幼少期にこの寺で修行したのだという。僕も小さな頃に一休さんのアニメはよく見ていた世代だ。

「すきすきすきすきすきっすき、いっきゅうさん」主題歌のフレーズが頭の中で蘇る。いい歌だよなあと、しみじみ懐かしむ。

一方で、地蔵院へ行ってみようと思ったきっかけは一休さんとは別のものだった。この寺は周囲を竹林で囲まれており、「竹の寺」の愛称を持つと聞いて興味を覚えたのだ。外国人にも英語でバンブー・テンプルなどと呼ばれ、密かに人気だという。竹と禅寺という組み合わせには、日本らしい「和」の美しさを感じる。

僕自身、世界を旅する中で、改めて日本を知りたいという欲求にかられた。世界に誇れる我が国の文化に

背比べをするかのように天高く伸びる竹。首を倒して先端がどうなっているか見上げてみたり。

触れたくて国内も積極的に旅するようになった。そんな経緯もあるから、この手の外国人が好みそうなスポットというのはとくに気になる存在なのだ。

とはいえ、実際に来てみると、地蔵院はそこまで竹だらけというわけでもないようだ。関東にも、鎌倉にある報国寺《ほうこくじ》という寺が同様に「バンブー・テンプル」の異名で近年人気が高まっているが、あちらと比べると竹林自体は小規模な印象を受けた。

個人的には、竹よりも心を打たれたのは奥にある「十六羅漢の庭」だ。築山のような起伏を設けず、池などの水場も作らない、平庭形式の枯山水庭園である。椿やモミジ、五葉松が植えられ、苔に覆われた地面もまた絵になる。

ここは庭自体は立入禁止で、部屋から鑑賞する方式になっている。座り込んで静寂と向き合ううちに、自分の中の邪気が洗い流されていく。ついつい時間を忘れそうになるほどだ。半日旅というと慌ただしいけれど、せっかくこういうところへ来たのだから、たまには落ち着いてじっくり滞在するのも悪くないのだった。

地蔵院は南北朝時代に幕府の管領を務めていた細川頼之によって建立された。細川家との縁が深い寺だからだろう。僕が訪れたときには、細川護熙元首相が描いたという襖絵が公開されていたりもした。一休さんに続き、これまた予期せぬ出合いだ。

地蔵院を後にして、さらに少し北上する。やがて、開けた一画に出た。バスターミナルの前には土産物屋が並び、賑やかな観光地の風情が漂う。「苔寺」で知られる西芳寺《さいほうじ》や、「鈴虫寺」の華厳寺《けごんじ》などが集まるこの界隈に、この日のもう一つのお目当てがあった。それが、「かぐや姫御殿」である。

ここはどんなところかというと、竹取物語でお馴染みのかぐや姫を祀った施設だ。入

かぐや姫を祀った御殿。おとぎ話の世界にでも出てきそうな独特の建築に魅了される。

場料の三百円を入れ、門をくぐると、一風変わった東屋のような建物が竹林に囲まれ建っていた。パッと見は昔ながらの日本家屋だが、その造形はなんだか妙にエキゾチックだ。周囲が反り上がった屋根の上には、鶴のようなオブジェが飾られていたり。建物内にはかぐや姫と思しき女性の像も鎮座している。

不思議な建物を前に僕が圧倒されていると、初老の男性に声をかけられた。

「少し説明をしますから」

と言って、手にしていた箒を柱に立てかけた。どうやらここの管理人さんで、ありがたいことに施設のガイドをしてくれるようだった。

その説明によると、ここは長野清助という方が日本の竹文化と竹工技術を保存するために創建したのだという。驚くのが、その作業をたった一人で行ったというエピソードだ。製作にはなんと二十七年も費やしたというから、氏の執念におそれいる。

誤解を恐れずに書くなら、きっと相当な変わり者だったのだろうなあとも思った。まるでスペインのアントニ・ガウディのようだ。芸術作品として捉えるなら、僕にとってはかの有名なサグラダ・ファミリアを彷彿させるものがあった。

なにせ、建物の素材はすべて竹でできている。天井は網代模様、壁や床はモザイク模様で、古めかしくもモダンなデザイン性も感じさせる。手すりには亀

御殿は見るだけでなく中に入ることもできる。願いを書いた折り鶴をかぐや姫に奉納する。

近くの茶屋で小休止。抹茶ソフト＆わらび餅の和スイーツが旅の気分に合う。

甲竹という珍しい竹を使っているのだという。ここ、京都の松尾は竹の産地であり、良質な竹に恵まれた土地柄が特徴だ。竹取物語の発祥地もこのあたりだという説がある。

一通りの説明を受けた後は、靴を脱いで建物に上がり、お参りをしていく。開運、縁結び、健康等に御利益があるのだという。お参り方法もユニークで、願いごとを書いた紙で折り鶴をつくってかぐや姫に奉納する。

大人が数人入れるかどうかの小さな畳みのスペースに正座して鶴を折った。ご丁寧に折り方が図解されているので、鶴の作り方が分からない人はそれを参考にすればいい。

「何羽折ってもよいのですが、お願いごと一件ごとに一羽折ってください」

と補足事項が書かれていた。お願いしたいことはたくさんあるが、欲張らずにひとつだけ鶴を折って奉納し、手を合わせたのだった。

かぐや姫竹御殿はバスターミナルのすぐそばなので、帰りはバスを利用した。竹の寺、そして竹取物語の聖地と、竹尽くしの半日旅になった。

27

地蔵院

住所
京都府京都市西京区
山田北ノ町23

参拝時間
9時～16時30分
（最終入山16時15分）

電話
075-381-3417

料金
500円

駐車場
有（7台）

アクセス
阪急上桂駅から
徒歩12分

28

人生で一度は行っておきたい「日本最古」の神社

大《おお》神《みわ》神《じん》社《じゃ》〈三《み》輪《わ》明《みょう》神《じん》〉

奈良県
桜井市

根がミーハーなので、「最大」とか「最長」などといった形容が付くだけでありがたいものに思えてくる。「最南端」とか「最北端」というだけでわざわざ足を運ぶことも珍しくない。そんな人間にとって、「日本最古」の神社は大変気になる存在だった。

奈良県桜井市にある大神神社である。間違いやすいが、「おおがみ」や「おおかみ」ではなく、「おおみわ」と読む。「三輪明神」という通称も持つ。関西では最大のパワースポットなどという評判を聞き、御利益を求め足を運ぶことにしたのだ。

京都から一路南下し、天理駅でJR桜井線に乗り換えて四駅目。神社の最寄りである三輪駅が近づいてくると、車窓に巨大な鳥居が見えてハッとなった。周囲には背の高い建物などもないから非常に目立つ。のどかな田舎町の中にドーンとそびえ立つ構造物は

のどかな田舎町に突如として現れる大鳥居に目を奪われながら、境内へ進む。

強烈な存在感を放っている。あれは大神神社の「大鳥居」なのだという。

電車を降りて、徒歩でテクテクと境内を目指す。

「あの大きな鳥居を目印に進めばいいのかな……？」

などと考えながら歩き始めたが、途中で境内は大鳥居とは逆側にあるのだと気がついた。駅からだとぐるりと迂回しながら線路を渡り、後方へ回り込むようにして境内へ向かう。大鳥居と境内の間に駅が位置しているため、電車で来た人は大鳥居をくぐる必要はないわけだ。あれは、クルマでの参拝者向けの鳥居なのだ

二の鳥居を抜けた先には自然豊かな参道が続く。早くも心が洗われるようだ。

ろう。

しばらく歩いて、駐車場を抜けた先にまた別の鳥居が立っていた。これが「二の鳥居」で、実質的に境内への入口になっているようだ。

軽くお辞儀をしてから二の鳥居をくぐると、その先には参道が続いていた。緑に囲まれた一本道の両脇には灯籠が立ち並ぶ。山の麓に建てられた神社らしい自然あふれる景観に心洗われながら、スローペースで歩を進めた。

やがて前方に階段が見えてきて、手前にある手水舎でお清めを済ませてからそこを上ると目の前に拝殿が現れた。一六六四年に再建され、国の重要文化財にも指定されている建物の立派さに圧倒されながら、列に並んでパンッ、パンとお参りする。

大神神社の最大の特徴であり、ほかの一般的な神社との違いは本殿を持たないことだ。背後にそびえる三輪山をご神体としており、拝殿奥の三ツ鳥居を通して山を拝むスタイルを取っている。三輪山は高さ四百六十七メートル。大国主神《おおくにぬしのかみ》が自らの御魂をこの山に鎮めたのだと、古事記および日本書紀に記されており、太古より聖なる山として仰がれてきた。

境内の最大の見どころともいえるのは、

拝殿の立派さに感激。無事にお参りを済ませて、ひとまずホッとする。

拝殿と三輪山とを区切る場所に立つ三ツ鳥居だ。本殿がない大神神社では、本殿に代わる物として神聖視されてきた。

せっかくここまで来たのだから、ぜひともその三ツ鳥居を拝んでみたい。現地にはとくに案内は出ていないので分かりにくいが、ここは誰でも無料で見学できる。祈祷受付で聞いてみると、マンツーマンで案内してくれた。靴を脱いで通路を進み、拝殿を側面から裏側へ回り込むと、お目当ての三ツ鳥居が現れたのだった。

その名の通り、三つの鳥居が合体して一つになったような不思議な形をしている。いつ頃作られ、なぜこの形になったのかなどは不詳だという。見学は遠目からで、写真撮影なども禁止だ。以前に訪れた埼玉県秩父市の三峯神社でも、これと似た三ツ鳥居を見たのを思い出したりもした。

大神神社周辺の三輪山麓には、ほかにも数多くの社が点在している。時間の許す限りそれらを巡ってみたいが、中でも気になっていた狭井神社《さいじんじゃ》を僕は目指した。拝殿からは寄り道しなければ歩いて十分もかからない距離である。

ここは三輪の神様の荒魂《あらみたま》をまつる神社で、病気平癒の神様として信仰されている。境

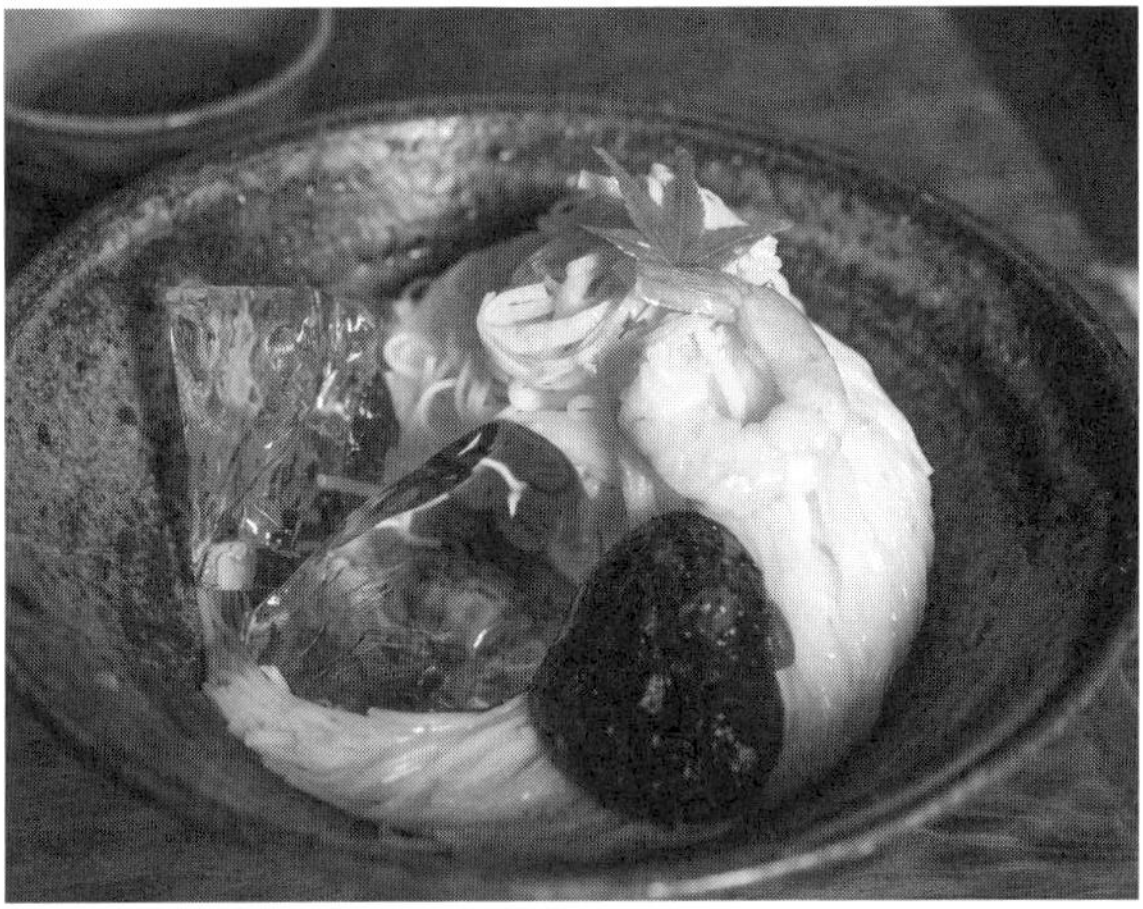
お昼ご飯は「三輪素麺」を。参拝ついでに味わいたいご当地グルメだ。

内には井戸が設けられ、御神水が湧き出ている。井戸は一般開放されており、誰でも自由に水が汲めるようになっている。コップが置いてあるのでその場で飲んでもいいし、持参した容器に汲んでいる人の姿も見かけた。

狭井神社は御神水が湧き出る地であることに加え、もうひとつ大きな役割を持つ。三輪山への登拝口がここにあるのだ。あくまでもご神体である。いわば聖地へ足を踏み入れるわけで、それゆえ、普通の登山とはだいぶ勝手が違うものになる。

入口には注意事項などが細かく書かれていた。入山初穂料は三百円。社務所にて受付用紙をもらい住所、氏名、電話番号を記入のうえ提出する。写真撮影の禁止（カメラの持ち込み自体が不可）、水分補給以外の飲食厳禁といったルールが定められている。日本語が解せない外国人の入山も不可だ。

所要時間は往復して二〜三時間ほどだという。当然、自分もトライしたい気持ちはあった。けれど、今回は断念せざるを得なかった。

実は大神神社を訪れたのは切実な理由からだった。何かというと、厄払いである。この年はいわゆる本厄にあたるのだが、まさに厄年という感じで不幸が重なったのだ。それも、「まさか……」と絶句するレベルの災難が我が身に次々と降りかかったから現実逃避したくなった。たとえば、愛車を盛大に傷つけて廃車にしてしまったり。さらにはクルマだけでなく、立て続けに二度も骨折してしまったり。

登拝を断念したのは、その怪我がまだ完治していなかったからだ。二度目の骨折からまだ二週間も経っていない時期で、正直、階段を上るだけでもやっとな状態だった。（ちなみに、これを書いているのはそれからさらに一週間後のことだ）

前述した井戸で、僕は藁にも縋る思いで持参したペットボトルに水を汲んだ。病に効く、大変ありがたい御神水なのだという。
それを患部に振りかけ、残ったぶんは恭しく飲み干した。
困ったときの神だのみである。早く良くなりますように――。

28

大神神社〈三輪明神〉

住所
奈良県桜井市三輪1422

参拝時間
9時～17時

電話
0744-42-6633

駐車場
有（320台）

アクセス
JR三輪駅から徒歩5分

29

根《ね》来《ごろ》寺《じ》

「佇めば中世」――歴史好き必見の根来衆の拠点

和歌山県
岩出市

紅葉真っ盛りの晩秋の休日に、どこへ行こうか悩んで決めたのが根来寺だった。

「紅葉といえば、やはり京都かなあ……」

などという考えも最初は頭をよぎったが、混雑しているところは大の苦手である。どちらかといえば穴場的な存在で、スポット自体に興味が持てるところ、というコンセプトで候補地を絞り込んだ。結果、狙いを定めたのがココというわけだ。

行きはJR阪和線の和泉砂川駅から路線バスで向かった。車窓には小高い山が連なっている様が望めるが、山の斜面を埋め尽くす木々が完璧に色づいていた。この地域の紅葉が見事に見頃を迎えていることを知り、到着前からテンションがグッと上がった。

根来寺とはどんなところなのかをまずは軽くまとめておくと、新義真言宗の総本山である。「新義」と付いているが、空海（弘法大師）を始祖とするいわゆる真言宗の宗派のひとつだと理解すればいい。開祖は覚鑁上人《かくばんしょうにん》（興教大師）で、一一三二年に高野山に開かれた大伝法院がその始まりとされる。

とはいえ、罰当たりな旅人としては、宗教的な由来にはそこまで興味が湧かないのも正直なところだ。実は個人的に根来寺が気になったのは別の理由による。

根来衆——そう聞いてピンときた人ならきっと歴史好き、いや戦国好きだろう。あるいは、「雑賀」と書いて「さいか」と読める人も同類に違いない。ここは戦国時代に一大軍事勢力を擁した根来衆の拠点となった場所なのだ。自分のような戦国武将への憧れを抱きながら大人になった者にとっては、名前を聞いただけで胸がときめき、血が騒ぐスポットと言っていい。根来寺、いつか来たかったのですよ。

バスを降り、駐車場脇の小径を少し歩くと右手に小屋が見えてきた。寺へ入るのにゲートのようなものはとくにないが、ここで入場料五百円を支払うシステムのようだ。なお、チケットは旧和歌山県議会議事堂との共通入場券になっている。

この受付をすぎた後、橋を渡って、さらに階段を登ると境内に辿り着く。真っ先に視

日本最大の木造の多宝塔は、寺のシンボル的存在。これだけでもかなり見応えがある。

界に入ってくる大きな建造物が根来寺の本堂となる「大伝法堂」だが、それよりも目を奪われたのはすぐ隣に建つ「大塔」の方だった。五重塔を思わせる方形の建物の、一層部分と二層部分の繋ぎ目が球状になっている。これは「多宝塔」と呼ばれる仏塔で、寺院建築の一種なのだという。

「チベットやネパールの宗教建築に似ているなあ……」

僕はそんな感想を持ったのだが、密教の教義を形の上で端的に表したものなのだと知って、なるほどなあと腑に落ちた。仏塔というよりも、ストゥーパと表記したくなるようなエキゾチックさに心惹かれるものがあった。

この大塔は、正式名称を「大《だい》毘《び》盧《る》遮《しゃ》那《な》法《ほっ》界《かい》体《たい》性《しょう》塔《とう》」という。高さ四十メートル、幅十五メートル。木造の多宝塔としては日本最大であり、国宝にも指定されている。

大塔が建てられたのは一五四七年とかなり古い。根来寺の境内で建造時のまま残っているのはこの大塔と、「大師堂」という建物の二つだけで、あとは江戸時代以降に再建または建立されたものである。元々あったものは消失してしまったというが、その経緯を知るには戦国時代にまで歴史を遡る必要がある。

当時の根来寺は約七十万石の寺領を持ち、一大宗教都市を形成していた。一万人以上もの僧兵を抱えていたというから、そこらの弱小大名よりもずっと強大な力を持っていたことが想像できる。

さらには軍事力の面でいえば、忘れてはならないのが鉄砲隊の存在だろう。種子島に伝来したばかりの鉄砲をいち早く導入したことで、僧兵たちは強大な力を誇った。僕自身も子どもの頃から戦国系のゲームを熱心にプレイしてきた影響で、根来衆、雑賀衆といえば鉄砲の名手なのだと刷り込まれている。武将でいえば、雑賀孫《まご》市《いち》などはいまでは

奥まった森の中というロケーションに、ここは聖地なのだなあとしみじみ。

寺の本堂にあたる「大伝法堂」。金剛界大日如来など三像が祀られている。

人気キャラの仲間入りを果たしたから、知っている人も少なくないだろう。

根来寺の転機となったのは、織田信長死後に天下の実権を握った豊臣秀吉に歯向かったことだ。豊臣方の十万もの大軍勢に攻め込まれ、滅ぼされてしまう。元々あった建物がほとんど残っていないのは、その際に豊臣軍の焼き討ちに遭ったためだ。

大塔は幸いにも戦禍を免れたわけだが、近づいて目を凝らしてみると、外壁に火縄銃の弾痕と言われる穴が残っていることに気がつく。鉄砲隊で名を馳せた根来衆の最後の砦らしい、生々しい傷跡だなあとしみじみした。

入口でもらったパンフレットには「佇めば中世」という文言が躍っていた。根来寺のキャッチコピーとしては言い得て妙だなあという印象だ。観光地としての派手さこそないが、歴史好きにはたまらない物語性を秘めている。悲しい物語ではあるけれど……。

大塔のほかには、境内裏手に位置する「奥の院」も素敵なところだった。樹木が生い茂った森の先に、開祖である覚鑁上人の廟所が設けられている。土が盛り上がった古墳のような佇まいで、見るからに静《せい》謐《ひつ》な雰囲気だ。訪れたときには

単に紅葉スポットとして見ても好印象。四季折々の自然が楽しめる旅先といえそうだ。

ちょうど誰もいなくて、小鳥のさえずりと、さわさわとした葉擦れの音だけが耳に残った。

本来の目的だった紅葉についても、大変満足のいくものだったと最後に付け加えておく。この日はあいにくの空模様で、時折小雨がぱらついていた。ところが、それもほとんど気にならないほど、色彩豊かな風景が広がっていた。秋雨も風情があって悪くない。

根来寺は桜や新緑の季節も格別だというから、いずれまた来てみたいなあ。

29

根来寺

住所

和歌山県岩出市
根来2286

入山料

500円

参拝時間

4月～10月／
9時10分～16時30分
11月～3月／
9時10分～16時

電話

0736-62-1144

駐車場

有（80台）

アクセス

南海本線樽井駅から
バス24分

30

貴《き》船《ふね》神《じん》社《じゃ》・鞍《くら》馬《ま》寺《でら》

牛若丸伝説の名所を歩き、川床に癒される

京都府京都市左京区

「本当に天狗が出てきそうだなあ」

きつい勾配を上りながら独りごちる。鞍馬山へ来ていた。幼少期の源義経、すなわち牛若丸はここで大天狗から武芸を教わったと言い伝えられている。鬱蒼とした森の中に身を置くと、そんな伝説も自分の中で信憑性を帯びてくるのだった。

このあたりは京都の奥座敷と呼ばれ、山深い自然が広がる。市内中心部からは叡山電鉄で北上し、終点の鞍馬駅が最寄りとなる。秘境感が漂い、「遠くへ来たな

叡山電鉄は座席が窓を向いているのがユニークだ。お陰で流れる景色を堪能できる。

鞍馬駅前には大きな天狗が。「ようこそ天狗の町 鞍馬へ」のメッセージも。

あ」と感慨に浸れるエリアだが、加えてその神秘性からも近年人気が高まっているという。

注目すべきは鞍馬寺と、貴船神社という二大パワースポットの存在だ。両者の間は山道で繋がっており、ハイキングがてらセットで訪れることができる。そんなわけで、陽射しもまだ柔らかな新緑の時期に、お弁当持参で向かったのだ。

最初に訪れたのは貴船神社だった。そこから鞍馬寺を目指そうとしたのだが、行ってみてからこの選択は「失敗だったかも」と少し後悔した。山歩きをする場合には、鞍馬寺から貴船神社を目指すコ

登山口で詳細な地図を頂戴した。これを参考に見て回るのが分かりやすいだろう。

ースのほうが正統派のようなのだ。そうとは知らずに、逆方向から進むことになってしまった。

登山口でもらった地図に途中の見どころが紹介されており、それぞれ番号が振られているのだが、数字は鞍馬寺のほうから始まり、順番に貴船神社へと進んでいく流れになっている。番号順に見て回るのだとしたら、鞍馬寺から出発するのが正解というわけだ。実際歩いていると、ほかの登山客とすれ違うことはあっても追い抜かれることは一度もなかった。どうやら自分だけが逆行しているらしいと気がついたのだ。

まあでも、それもまた一興だ。他人と同じなのは嫌という、天の邪鬼な旅人である。

地図に載っている見どころは全部で四十もある。それらをどこまで丁寧に見学するかにもよるが、平均す

山中に設けられた階段を上り降りする。名所旧跡巡りと自然散策が同時に楽しめる。

山深い土地だけにダイナミックな自然の風景が次々現れる。本当に天狗でも出てきそうだ。

ると片道約二時間の山歩きになるという。コースは整備されており、入門者向けだ。スニーカー履きでも問題なく登れるレベルだが、高低差が案外激しいので体力は結構消耗する。僕のような運動不足な人間は要注意だ。

ぜえぜえ言いながら歩を進めていくわけだが、次々と現れる名所旧跡が励みとなる。気になったものとしては、たとえば「義経公背比べ石」。誤解を恐れずにいえば、ぱっと見はただの石なのだが、ご丁寧にも柵で囲われている。これは牛若丸が奥州藤原氏の元へ下る際に名残を惜しんで背を比べた石なのだという。

あるいは、「義経公息つぎの水」なるスポットも。剣術修行に励む牛若丸が喉を潤したとされる湧き水だという。さすがはゆかりの地ということもあって、鞍馬山は源義経関連の史跡が目白押しである。

一方で、観光地として見ると、個人的には鞍馬寺よりも貴船神社の方がより興味を惹かれた。同じ漢字で地名だと「きぶね」だが、神社は「きふね」と読む。名前からして気品が漂うというか、雅な名前の神社だなあと期待が募った。

ここは、いわば旬のスポットと言えるだろう。その存在を知らずとも、写真を見れば、

貴船神社といえば
ここの写真だろう。
人が入らないカッ
トを撮るために少
し待った。

奥宮へと続く並木道。
貴船周辺は坂ではある
ものの、鞍馬寺のよう
な険しさはない。

「ああここか！」と分かる人も多いはずだ。階段の両脇に朱塗りの燈籠がズラリと並ぶ光景が日本らしい絶景として話題になり、ＪＲ東海の宣伝ポスターにも使われた。

いかにも海外の人たちが好みそうなスポットだ。京都の観光地はどこも外国人旅行者だらけだが、貴船神社はとりわけ多いと感じた。

僕自身、訪れてみて確かに写真映えするスポットだなあと思った。新緑真っ盛りのこの時期は、青々としたモミジを背景に、燈籠の赤色が際立っていて、シャッターを押す指にも力が入った。秋の紅葉や、冬の雪景色も素晴らしいのだそうだ。四季折々の美しさが見られることも人気の理由なのだろう。

燈籠が立ち並ぶ階段があるのは貴船神社の本宮だ。ここは絵馬の発祥の地とも言われ、高龗神《たかおかみのかみ》という水の神様を祀っている。

本宮を訪れたなら、「水占みくじ」にぜひトライしたい。紙を水に浸すと結果が現れる珍しいおみくじだ。まさに水の神社ならではと言えるだろうか。一回二百円。水に浸した紙に表示されるＱＲコードをスマホで読み込むと、おみくじの結果を画面に表示できるなど、神社にしてはなんだか妙にハイテクだ。聞けば海外からの観光客対応のためで、

紙を水に浸すと結果が浮かび上がる「水占みくじ」。水の神社ならではのおみくじだ。

四か国語の翻訳システムになっているという。

さすがはSNSで話題の神社だ。境内には当然のようにフリーWi-Fiが入っており、ツイッターやインスタグラムのアイコンが看板に大きく描かれていた。訪れた人に積極的に拡散して宣伝してもらおうという意図なのだろうが、その試みは成功していそうだから素直に感心させられる。また、これだけの山間なので電波の安定や防犯・防災の意味でも万が一のときに助かりそうだ。

貴船神社は本宮、結社、奥宮の三つに大きく分かれており、渓流に沿う形で点在している。ここは京都を流れる鴨川の水源地になるのだという。

貴船の名物とも言えるのが、この渓流に設けられた川床だ。本宮から奥宮へと歩いて行く途中に、何軒もの川床が並んでいる。これらは参道に並ぶ飲食店が運営するもので、利用するには基本的に各店舗で食事をする必要がある。

せっかく来たのだから記念に川床体験したいところなのだが、この食事代がおしなべてかなりお高い。ランチでも一人数千円～一万円コース。場所代もあるのだろうが、割り切って利用するにしても予算オーバーなのが正直なところだ。

何かいい手はないものか――。

あきらめきれず、悪あがきをしてみた。そうして、川床を利用する裏技を発見したのでここで紹介しておきたい。料亭風の店がずらりと並ぶ中、よく見ると洋風のカフェが一軒だけ営業していた。聞いてみると、飲み物だけ頼めばイートインで川床へ入場できるという。コーヒーやジュースなどが一杯五百円前後と良心的な価格だった。おそらく最安値で貴船の川床が利用できる方法だと思う。

カフェラテを手に畳敷きの川床に足を崩して座り込んだ。ボーッと佇みながら、川のせせらぎに耳を傾けていると、心が癒やされていく。しあわせな時間だ。

間近で眺めると水の勢いは結構激しい。川床で宴会なんてのも良さそうに思えたが、酔っ払って落っこちでもしようものなら、たちまちのうちに流されてしまいそうだなあ。

30

貴船神社

住所
京都府京都市左京区
鞍馬貴船町180

参拝時間
5月～11月／
6時～20時
12月～4月／
6時～18時

参拝料
無料

電話
075-741-2016

アクセス
叡山電車貴船口駅
から徒歩30分

京都府京都市左京区

31

三《さん》千《ぜん》院《いん》

隠れ里のような雰囲気の中、ひっそりと佇む三千院の美しさは格別だ。京都市内とはいえ、滋賀との県境が近いこのあたりは秘境感が漂う。苔むした庭園を散策しながら「わらべ地蔵」を探すのが楽しい。紫陽花や紅葉の名所としても知られる。

●住所：京都府京都市左京区大原来迎院町540
●参観時間：3月～12月7日／8時30分～17時
12月8日～2月／9時～16時30分
●料金：700円　●電話：075-744-2531　●駐車場：無
●アクセス：JR京都駅からバス60分→徒歩10分

※杉村孝／作

滋賀県高島市

32

白《しら》鬚《ひげ》神《じん》社《じゃ》

水面に浮かぶように鳥居が立つ光景が、厳島神社の大鳥居を彷彿させる。ただし、こちらは海上ではなく琵琶湖上。社殿は太閤の遺命を受けて、豊臣秀頼が建立したものだ。鳥居と境内の間の道路は交通量が多いので、横断する際は要注意。

●住所：滋賀県高島市鵜川215
●定休日：無
●電話：0740-36-1555
●駐車場：有（30台）
●アクセス：JR湖西線近江高島駅からタクシー5分

天《てん》河《かわ》神《じん》社《じゃ》（天《てん》河《かわ》大《だい》弁《べん》財《ざい》天《てん》社《しゃ》）

本体は水の神様。能楽との関係が深く、芸術芸能音楽の神様として信仰されている。著名アーティストがここで奉納演奏も行っている。不思議な形をした「五《い》十《す》鈴《ず》」にも注目。アクセスが困難なあまり、縁がないと辿り着けないと言われるほど。

●住所：奈良県吉野郡天川村坪内107
●料金：無料
●電話：0747-63-0558
●駐車場：有（50台）
●アクセス：近畿日本鉄道吉野線下市口駅からバス→徒歩すぐ

兵庫県高砂市

34

生石《おうしこ》神社《じんじゃ》

祀っているのは謎の巨岩。しかも水に浮かんで見えるという神秘的な現象で話題に。「石の宝殿」という別名を持つ。境内は空間が狭いため、写真を撮るなら超広角レンズが必要。この漢字で「おうしこ」と読むのもなんだか不思議だ。

●住所：兵庫県高砂市阿弥陀町生石171
●電話：079-447-1006
●駐車場：有（60台）
●アクセス：JR宝殿駅から徒歩25分

第5章　ミュージアム・記念館

35

子どもの頃あこがれた模型に再会する

海洋堂《かいようどう》フィギュアミュージアム黒壁《くろかべ》 龍遊館《りゅうゆうかん》

滋賀県
長浜市

京都に移り住み、半日旅でまず最初に訪れたのが長浜だった。行きたいところはたくさんある中で、なぜ長浜にしたのかというと、行き方が簡単そうに思えたからだ。

関西の鉄道網は私鉄が入り乱れており、土地勘がない者にとっては案外難解である。そんな中、長浜ならば、JRの新快速で乗り換えなしの一本で行ける。それも、便によっては長浜自体が終点になっていたりして、誤って乗り過ごす心配もいらない。移住したばかりの入門者にとっては、大変分かりやすい行き先だったのだ。

長浜という土地へ対する個人的な興味もあった。戦国好きな人間としては、長浜といえばやはり秀吉が思い浮かぶ。浅井《あざい》家滅亡後に、信長からこの地に所領を与えられたのが織田家屈指の出世頭・木下藤吉郎、すなわち秀吉だった。後の天下人にとって、ここ

長浜駅前に立つ「出逢いの像」。石田佐吉（後の三成）はこの地で秀吉に召し抱えられた。

は初めて居城を構えた場所である。

そんなことを考えながら長浜駅に降り立つと、ロータリーに銅像が立っていた。お侍さん風の大人の像と、両手で茶飲みを抱えた子どもの像。パッと見て、もしかして……と思ったら予想通りだった。大人の像が秀吉で、子どもの像が石田三成だ。

休憩に寺に立ち寄った秀吉に、寺で小姓をしていた三成が一杯目はぬるいお茶をたっぷり、二杯目は少し熱くして量を減らし、三杯目はアツアツのお茶を少しだけ出したという、いわゆる「三《さん》献《こん》の茶」のエピソードはよく知られる。豊臣政権を支えた忠臣とは、秀吉がここ長浜城主時代に出会ったわけだ。

長浜駅にはほかにも、小《お》谷《だに》城跡地の観光を案内するポスターなんかも貼ってあった。織田家に滅ぼされた

元々ミュージアムがあった場所は改装工事中で、2019年春にリニューアルオープン予定だ。

浅井家が拠点としていた城だ。

そんなこんなで長浜は戦国好きには聖地と呼べるような場所なのだが、今回のお目当ては実は歴史とはまったく関係がない。

向かった先は、「海洋堂フィギュアミュージアム黒壁龍遊館」である。

海洋堂とはなんぞや、という説明は最早不要だと思う。我が国のフィギュア界における不動のトップランナーであり、優れた造形技術は世界でも注目を浴びている。模型ファンには古くから知られた存在だが、一般的にその名が知られるようになったのは「チョコエッグ」の大ヒットがきっかけだろうか。

長浜にあるミュージアムでは、同社のこれまでの歩みを、作品と共に振り返る展示内容となっている。より分かりやすく説明するなら、フィギュアや模型がひたすら展示されているミュージアムだ。

何を隠そう、僕自身はこの手のジャンルには目がない旅人だったりする。戦国好きであることに加え、模型好きでもある。要するに根っからのオタクなのだ。

とくにハマったのが中学生時代で、当時は『B−CLUB』という模型誌を読み漁り、プラモはもちろんガレージキットにも手を出すほど熱中していた。そういえば、「ワンダーフェスティバル」という、海洋堂が主催している模型の祭典にもその頃足を運んでいた。いまから二十

海洋堂の歴史を知ると、ガレージキットへの興味がますます湧いてくる。

五年も昔の話だ。ああ、懐かしいなあ。

　この道を一度でも通ったことのある者にとっては、ミュージアムはついつい思い出に浸ってしまう施設でもある。軽い気持ちで訪れたはずが、懐かしさのあまり涙が出そうになった。当時雑誌で見て憧れだったキットの実物を目にして感動したり。

　中学生にとっては模型、それもガレキとなると、金銭的な面でハードルが高かったりもしたのだが、当時少ないお小遣いをやり繰りして購入したイングラムのソフビキットなんかも展示してあって、うおおおと雄叫びを上げたくなったり（すみません、何のことか分からない人は読み流してくださいね）。

　嬉しいことに、館内では写真撮影が許可されている。迫力あるジオラマなんかも展示されており、夢中にな

ところ狭しとガラスケースが並び、模型好きにはたまらない。どれから見ようか迷うほど。

食玩ブームのきっかけとなったチョコエッグの「日本の動物コレクション」シリーズ。緻密な出来に圧倒される。

ってカメラのシャッターを押してしまった。海洋堂の得意ジャンルともいえるエヴァンゲリオン関連の作品のほか、シン・ゴジラの雛形モデルのレプリカ、チョコエッグで展開していた動物シリーズなどがとくに見応えがあると感じた。

このミュージアムで個人的に目を引いたのは、単なる完成品の展示だけでなく、それを作った人たち、すなわち原型師についても細かく紹介してある点だ。肖像画と共に、それぞれの原型師がどんな人で、どんな作品を作ってきたのかが説明されている。

海洋堂の商品には、製作者の名前が入

フィギュアミュージアムがある黒壁スクエア周辺は、歴史を感じさせる街並みが広がる。

っている。プロとしての原型師の力を世に問う、というのが同社の姿勢なのだという。

「海洋堂の作品は単にリアルさを追求したものではなく、造形師による絵画的な表現が込められ、創造的で芸術ともいえるものとなっています」

と書かれているのを読み、僕は大いに納得した。緻密かつ生き生きとした造形物の数々は、確かにアート作品と呼ぶにふさわしいものだからだ。フィギュアや模型は趣味のアイテムであり、玩具の一種と捉えられがちだが、見方は人それぞれだ。少なくとも僕は価値あるものだと思うし、製作された方たちに心よりの敬意を表したい。

ミュージアムの入場料は大人八百円。チケット購入時に渡される専用のコインを使って、入口横に設置されたカプセルトイ（いわゆるガチャガチャ）ができるのはなかなか心憎い演出だ。種類がいくつかあり、「愛と幸運を招く七彩の猫ストラップ」を僕は選んだ。同社を代表する原型師である松村しのぶ氏が担当したフィギュアだという。

ささやかなお土産ではあるが、展示を見ているうちにフィギュア熱が高まってくるから、これ以上ないほどにありがたいプレゼントだったりする。さらに物欲が抑えられなくなった人には、ミュージアムショップも用意されているから散財する楽しみもある。

ちなみにショップはミュージアムから

駅から歩いて辿り着くと入口で恐竜がお出迎え。まずはここで記念撮影を。

名物イタリアン焼きそば。自家製の細麺に特製ミートソースがからむ。クセになる一品だ。

見た目もユニークな「きんちゃく型」のホワイト餃子。皮から具まですべて手作りという。

少し離れた場所にある。実はこのミュージアム、二〇一七年十二月にいまの場所に移転したばかりである。ショップだけは元の場所のまま、つまり旧ミュージアムのそばに残った。それゆえ、両者が離れているわけだ。

新しいミュージアムは、長浜アートセンター内にオープンした。その名も「黒壁スクエア」という、江戸時代の町家や土蔵が残る、風情あふれる旧市街の一画に位置する。「海洋堂フィギュアミュージアム黒壁」と、施設名に「黒壁」が付いているのは、なるほどこういう理由からなのかと行ってみて得心した。歴史的な街並みの中に、フィギュアという現代的なテーマの施設があるというミスマッチがなんだかおもしろい。

前述した通り、長浜自体は歴史的な見どころも充実している。時間があるならついでに観光していくのもいいだろう。さらには、ここは美食の町としても知られる。

僕はお昼ご飯に「茶しん」で、イタリアン焼きそばとホワイト餃子を食べて帰った。名前からしてユニークなのだが、知る人ぞ知る長浜名物だという。ボリューミーでB級感漂うメニューは、それこそアキバにあったら人気が出そうだなあ、などと思った。これまた我ながらオタク的発想なのだけれど。

35

海洋堂フィギュアミュージアム黒壁龍遊館

住所
滋賀県長浜市元浜町8-22
（長浜アートセンター内）

営業時間
10時～18時

料金
800円

電話
0749-68-1680

駐車場
無

アクセス
JR北陸本線長浜駅から徒歩5分

36

大《おお》塚《つか》国《こく》際《さい》美《び》術《じゅつ》館《かん》

世界の美術館巡りを「本格」疑似体験

徳島県
鳴門市

日本にいながらにして、世界の美術館巡りが疑似体験できると聞いて興味を覚えた。行ってみて、ある意味、本物よりもすごいかもしれないと圧倒された。徳島県鳴門市に位置する「大塚国際美術館」。場所が四国と遠方にはなるものの、淡路島から大鳴門橋を渡ってすぐなので半日旅でもぎりぎり訪問可能である。

美術館としては、一風変わったところと言っていいだろう。古代壁画から現代絵画まで、千点以上もの作品が収蔵されているが、それらがすべてレプリカである点が最大の特徴だ。二十六ヶ国、百九十余の美術館が所有する作品を許諾を得たうえで陶板名画に複製、展示している。世界に名だたる名画が一堂に会す不思議な美術館である。

大塚国際美術館の「大塚」とは、大塚製薬をはじめとする大塚グループから来ている。

ここは同グループのひとつ大塚オーミ陶業の創立七十五周年記念事業により、創業の地である鳴門市に設立された美術館なのだという。

陶板名画の「陶板」とは何かというと、読んで字の如く、陶器の板である。これに同社グループが持つ特殊な技術により絵を焼きつけたものを陶板名画と呼んでいる。丈夫で色褪せしない利点があることから文化財の記録保存にも向いている。なんと二千年以上も持つというが、流石にそれは検証不可能だよなあ……などと密かに思ったり。とにかくまあ、ほかには類を見ない、かなり珍しいタイプの美術館であることは確かだろう。

車で訪れたら、駐車場は美術館から少し離れた場所に位置していた。とはいえ、シャトルバスが頻発しているのでそれほど不便は感じない。朝イチで訪れたせいか、客は僕一人だった。バスは五分もかからずに美術館の入口に到着し、まずは入館料を支払う――のだが、ここでいきなりナヌッと唸ってしまった。

入館料が三千二百四十円もしたからだ。料金表を見てえっ、と呆気にとられた。このまま踵を返そうかと思ったのも正直なところだ。後日、ネットで調べてみると、「日本一入館料が高い美術館」などと紹介されていた。

どこまでも続きそうな長いエスカレーターに乗って館内へ。ワクワクする瞬間だ。

こんなにも高いのに、展示物はあくまでも本物ではなくレプリカだという。なんだか強気だなあ――おそれながらそんな感想も持ちながら開館時間と同時に入館すると、まず最初に現れたのが巨大なエスカレーターだった。まるで地下鉄大江戸線の新宿駅のエスカレーターみたいだなあと思ったが、関西の人には伝わりにくい喩《たと》えかもしれない。

とにかく、この途方もなく長いエスカレーターを上りきった最初のフロアがB3、つまり地下三階に該当する。といっても、正確には地下というよりも山の中のようだ。最下層から順に上がっていく流れで、建物自体は山の上に建てられており、地上二階までである。美術館としてはかなり巨大な部類に入るだろう。鑑賞ルートは合計約四キロにも及ぶというから、歩いて見て回るだけでも一苦労だ。

各展示室には番号が振られており、それらを順に辿っていく形になる。番号「1」、すなわち最初の展示室がシスティーナ礼拝堂と、いきなり大物が登場してテンションが上がった。壁や天井に描かれた宗教画はミケランジェロによるものだ。

この美術館では環境展示、テーマ展示、系統展示といった計三種類の展示方法を採用している。システィーナ礼拝堂のように元の空間を丸ごと再現したものが環境展示で、ほかにも壁画で有名な聖堂などがラインナッ

ミケランジェロ作のシスティーナ礼拝堂天井画と正面壁画。想像した以上の再現度に度肝を抜かれた。

都心の美術館と違い広々としたゆとりのあるつくりで、
リラックスできるのもまたいい。

プされている。屋外にだ円形に展示されたモネの「大睡蓮」なども目を引く。壁画は崩れている箇所まで、実物そのままに忠実に再現されている。テーマ展示は文字通りで、「生と死」「時」「家族」など特定のテーマを設けて関連作品を集めたコーナーだ。

翻って、美術館の大部分を占めるのは系統展示である。古代から中世、ルネサンス、バロック、近代、現代と時代ごとに分けて絵画が展示されている。目玉作品としてはどんなものがあるかというと——正直、目玉だらけである。それこそ教科書に載っているレベルの、誰もが知っている名画のオンパレードで息をつく暇がないほどだ。

強いていくつか挙げるなら、ボッティチェッリの「ヴィーナスの誕生」、ムンクの「叫び」、ドラクロワの「民衆を導く自由の女神」、クリムトの「接吻」など。アニメ好きとしては『ガンダムUC』でモチーフとして登場する「わが唯一の望みの（「一角獣を従えた貴婦人」より）」なども気になった。

オリジナルがすでに現存しておらず、ここでしか見られない作品もある。レオナルド・ダ・ヴィンチの「最後の晩餐」は現状のものに加え、修復される前の状態も再現して二種の絵を向かい合わせに並べている。また、ゴッホの「ヒマワリ」も、かつて日本国内にあって阪神大空襲で焼失した幻のバージョンも復元されて

“モネの池”を囲むカフェ。自然を身近に感じられるのもこの美術館の特徴のひとつだ。

名画の数々に時間を忘れて没頭する幸せ。本物も観に行きたくなるなあ。

いる。これらはまさにレプリカだからこそ可能な展示と言えるだろうか。

館内の絵画は、いずれもオリジナルと同一のサイズで作られていることも特筆すべき点だ。ピカソの「ゲルニカ」のように、中には途方もなく大きなものもあって、レプリカとはいえ間近で目にするとド迫力というか、最早複製であることを忘れそうになる。

それら数々の名画を自由に写真撮影できるのもまた、この美術館の大きなウリだ（フラッシュ、三脚、商業利用は不可）。美術館なんて普通はどこも撮影禁止だが、ここならばお気に入りの作品と一緒に写ったり、ＳＮＳ映えする写真を撮る、なんて楽しみ方もできてしまうわけだ。僕自身も写真好きなので、高い入館料の元を取るのだ！　と息巻いて、バシバシ撮りまくった。

訪問した際には、小学生の社会科見学の一団と一緒になったことも印象的だった。実物に限りなく近い作品に触れられるのは、いい学習の機会になりそうだ。ニセモノ美術館と侮るなかれ。誰の何てタイトルの絵か分からなくても、「どこかで見たことがあるような……」という絵が次々現れる。これでもかとばかりメジャー感が漂うのは、ニセモノだからこそと言えるかもしれない。

36

大塚国際美術館

住所
徳島県鳴門市鳴門町
土佐泊浦字福池65-1

営業時間
9時30分～17時
（入館券の販売は16時まで）

休館日
月曜
（祝日の場合は翌日）

料金
3240円

電話
088-687-3737

駐車場
有（340台）

アクセス
JR鳴門駅から
バス15分

37

奇《き》跡《せき》の星《ほし》の植《しょく》物《ぶつ》館《かん》

トロピカルな気分に浸れる「国内最大級」の温室植物園

兵庫県
淡路市

一年で最も冷え込む二月のことである。ウィンタースポーツはしないから、冬のお出かけ先というと温泉になりがちなのだが、たまには趣向を変えてみようと思い立ち、向かったのが「奇跡の星の植物館」だった。国内最大級の温室植物園として知られる。「熱帯植物でも観賞してトロピカルな気分に浸ろう」などと企んだわけだ。寒い季節だからこそ、ありがたみが感じられるスポットと言えるだろうか。

植物館があるのは淡路島である。といっても、島でも本州寄りに位置しており、明石海峡大橋を渡って割とすぐなのでアクセス自体は案外手軽な印象だ。「淡路夢舞台」という、国際会議場やホテル、野外劇場などが一体となった複合型リゾート施設の一部なの

植物館のエントランスに到着。まるで美術館のような洗練された雰囲気に期待が高まった。

で、カーナビの行き先は淡路夢舞台に設定したほうが分かりやすい。

「それにしても、変わった名前の植物園だなあ」

恐れながら、出発前からそんな疑問を抱いていた。奇跡の星――ねえ。いったい、なにが奇跡なのか。そもそも植物園なのになぜ奇跡なのか。謎が深まったが、きっと素敵なところなのだろうなあと期待しながら訪れたら、入口でもらったパンフレットにその謎の答えとなる一文が書かれていた。以下、引用しておこう。

――自然を見つめ、植物の美しさや不思議さを知り、地球に生きることの素晴らしさ、この奇跡を守ることの大切さに気づいていただくためにつくられた生命のミュージアム。

ふむふむ……なんだか分かったようで、分からないというか、ますます混乱してしまったというか。誤解を恐れずにいえば、大仰な印象も受けるのだけれど……まあでも、きっと捉え方の問題なのだろうなあ。深いことは考えず、純粋に展示されている植物を楽しむことにしようと気持ちを切り替えたのだった。

入口ではもう一つ、戸惑う出来事があった。入場料が千五百円もしたのだ。通常は六百円なのだが、訪れたときはたまたま特別展を開催中で特別料金になっていた。倍以上の金額は正直割高に感じられたが、もう来てしまったしいまさら引き返すわけにもいかない。あらかじめ予習をしてこなかった自分の落ち度である。

そもそも、多少高いのだとしても、そのぶん内容が伴っているのならば問題はないだろう。このときの特別展は「公爵の華麗なる蘭のある暮らし」と題したものだった。

なるほど、蘭ねえ……と頷きながら中へ入ると、最初から特別仕様の展示内容になっており、侯爵というのは大隈重信のことだと分かっておおっ！　とどよめいた。個人的な話になるが、僕は氏が創立した大学の卒業生である。旅をしているとこういう偶然がたまに起きる。氏の特別展なら割高なのも許そうかな、という気になる。

大隈氏は園芸を愛し、植物への見識が深かったのだという。母校の偉人とはいえ、そういう趣味の話までは聞いたことがなかった。熱帯性の植物や洋蘭を栽培するために、自宅に温室を建てるほどだったというから筋金入りだ。今回の特別展は、氏の自宅を再現するというのがコンセプトのひとつなのだと知って俄然興味が湧いてきた。

水まきをする場面に遭遇した。外は乾燥しているが、館内は潤いが感じられる。

色だけでなく形も楽しみたい。特徴的なデザインは白黒写真でも分かるほど。

蘭はこの手の温室植物園では花形的存在である。華やかな咲き具合に見惚れながら写真を何枚も撮った。ファインダー越しに見ると、植物館では配色をしっかり考えたうえで花を配置しているのだと伝わってきた。それぞれが単体で存在感があるがゆえに、見せ方次第で雰囲気がガラリと変わりそうだ。

僕がよく行くタイやシンガポールといった東南アジアの国々では、蘭はとくに馴染み深い花でもある。色といい、形といい、花としては見た目は派手な部類に入るだろう。展示板に書かれた説明を読むと、あれは虫を誘惑して受粉させるためのデザインなのだという。花に「デザイン」という表現を使うのがなんだかおもしろい。

植物館に足を踏み入れて抱いた第一印象は、「広いっ!」だった。温室植物園としては日本最大級の展示面積を誇るという。空間的に巨大なのもあるが、採光を意識してつくられた全面ガラス張りの建物のお陰で開放感もたっぷりだ。植物館を含め、この淡路夢舞台は

天井が高くて開放感があるつくりもまた、南国らしさを演出するのに一役買っている。

過酷な環境でも生きられる多肉植物を集めた「プランツギャラリー」。

建築家・安藤忠雄によって設計されたものとしても知られる。植物好きだけでなく、建築好きにもオススメのスポットと言えそうだ。

ユニークだなあと思ったのは、植物館の建物が二つの直方体が交差する形状をしていることだ。建物のひとつは「五感軸」を表し、植物が発するメッセージを非日常的な空間と仕掛けで五感に訴えている。もうひとつは「共生軸」で、植物と共に生きる暮らしの提案をしているという。それだけ聞いてもどういうことかピンとこないが、展示内容を見ていくとやがて納得がいく。

淡路SAからは明石海峡大橋が綺麗に望める。単なる休憩場所ではなく、ここ自体も目的地になりえる。

たとえば五感軸では、「植物の形をじっくり見る」ことを目的にした展示室や、「植物の色で演出する」をテーマに掲げた展示室などがある。見るだけでなく花の匂いも楽しめる、その名も「香りの壁」という展示も気になった。生態系や植生エリアごとに区分けするようなつくりではない、企画性のある展示方法が興味深い。

そういう施設の方向性のようなものは、特別展においても反映されていた。鹿鳴館《ろくめいかん》で貴婦人が身にまとったドレスを蘭と苔で表現した「バイオドレス」のコーナーなど、アイデアが光る展示が多い。明治維新百五十周年を記念した特別展でもあるのだという。

さらには江戸幕府の十一代将軍である徳川家斉《いえなり》にまつわる展示なども。家斉は趣味の世界に生きた道楽将軍として悪名高い。妾十六人に、五十三人の子どもがいたというから畏れ入るのだが、彼が江戸城で草花を育て、部下に褒美として与えたりした影響で、日本じゅうに園芸ブームが起きたのだという。ともあれ、植物館で日本の歴史に触れるのも意外性があって悪くない趣向だ。

旅の途中、神戸淡路鳴門自動車道の淡路サービスエリアに立ち寄った。明石海峡の絶景が拝める展望スポットや観覧車などもあって、一大ランドマークになっている。

お目当てはサービスエリア内のフードコートである。淡路島

淡路島といえば玉ねぎだ。ラーメンのほかにも、SA内では玉ねぎ関連商品が目白押し。

といえば有名なのは玉ねぎだが、ここではその名も「淡路玉《たま》葱《ねぎ》ラーメン」なるグルメが味わえるのだと、関西出身の友人にオススメされて狙っていたのだ。

醤油味と味噌味の二種類があったが、醤油味をチョイスした。麺やスープ自体は割とシンプルながら、揚げたオニオンが味のアクセントになっていて、確かにこれはこれで食べごたえがある。手軽ながらしっかりお腹にたまるタイプのご当地グルメは貴重だ。

花を見に来たはずが、気がついたらいつも通りの満ぷく旅行になっている。花より団子だなあと、苦笑してしまうのだった。

37

奇跡の星の植物館

住所
兵庫県淡路市
夢舞台4

料金
600円
（※特別展開催時は変更あり）

開館時間
10時～18時
（最終受付時間17時30分）

電話
0799-74-1200

駐車場
有（600台）
※ウェスティンホテル淡路
地下駐車場

アクセス
JR舞子駅から
バス20分

38

知識欲が気持ちよく満たされる、これぞ「大人の修学旅行」

キトラ古墳《こふん》壁画《へきが》体験館《たいけんかん》・四神《しじん》の館《やかた》

奈良県高市郡
明日香村

高校生時代は思う存分青春を謳歌したつもりだが、ひとつだけ心残りもあって、それは何かというと修学旅行がなかったことだ。僕が入学するよりもずっと前の先輩が不祥事を起こしたとかなんとかで、以来中止が続いていたのだ。他校の友だちから京都や奈良へ行ってきたという話を聞く度に羨ましい気持ちになったのを覚えている。

いまさらなんでそんな話をするのかというと、飛鳥地方を訪れたら修学旅行生だらけだったからだ。かつては我が国の中心だったこの地には、歴史の教科書でお馴染みの超メジャースポットが目白押しである。学生服に身を包んだ一団を横目に、若かりし頃に修学旅行をあきらめた悔しさを思い出しながらの半日旅となった。

橿原《かしはら》神宮前駅前のカーシェアで車を借り、真っ先に目指したのが「キトラ古墳壁画体

体験館は復元されたキトラ古墳のすぐ近くにオープンした。入口は地下１階となっている。

験館 四神の館」だ。そこらじゅう史跡だらけの飛鳥地方の中でも、個人的にとくに楽しみにしていたところで、今回の旅の実質的な目的地と言っていい。

　キトラ古墳は七世紀末〜八世紀初頭に造られた小円《しょうえん》墳《ふん》で、国の特別史跡に指定されている。発掘調査を経て埋め戻され、古代の大きさに復元されたのが二〇一六年と比較的最近のこと。四神の館はそのキトラ古墳について学べる体感型の屋内施設だ。

　展示の中心となるのは壁画である。一九八三年に行われたファイバースコープによる調査で、古墳の中の石室内に極彩色の壁画が見つかった。その最大の特徴は、国内の古墳では稀少な大陸風の壁画であることだ。中国や朝鮮半島の古墳で見られる壁画と画題が同じであり、描いた人は大陸からの渡来人という説もある。

石室に描かれているのは四神、十二支、天文図だ。中でもメインといえる存在が四神で、これが四神の館という施設名の由来になっている。四神とは青龍《せいりゅう》、白虎《びゃっこ》、朱雀《すざく》、玄武《げんぶ》の四つの神獣をさし、それぞれ順に東西南北の方位を表す。

石室は立方体のような形をしているのだが、四周の壁のそれぞれに各方位に対応した神獣が描かれている。たとえば、東側の壁には青龍といった具合にだ。

壁画は線がしっかりと残っており、ディテールも結構細かい。少なくとも、描かれているものの形がハッキリ分かるほどだ。鎌倉時代のものと思しき盗掘孔が

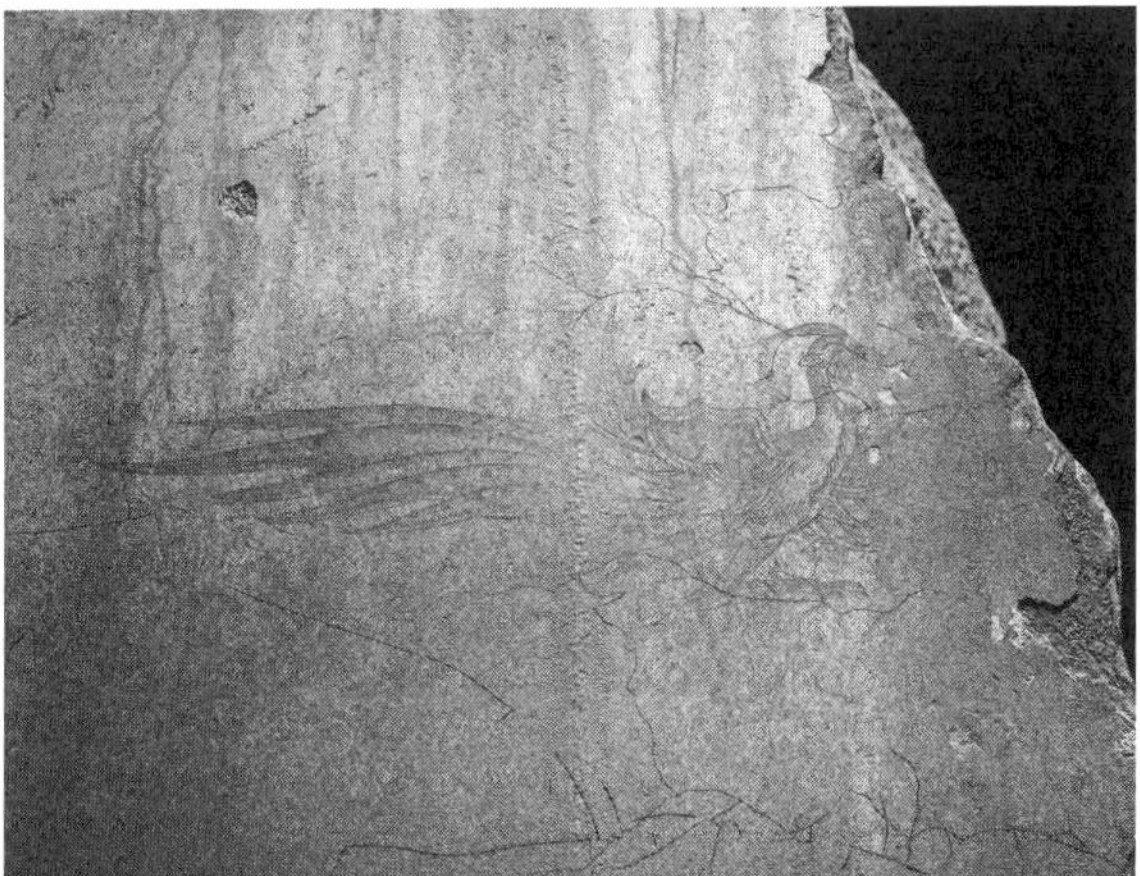

南壁に描かれた朱雀。形がハッキリしており、赤系の着色もうっすら見られる。

朱雀を避ける位置に空けられていたことも、原型をとどめるうえで幸いした。四神の図像がすべて揃う古墳壁画は日本ではここだけらしい。時代を考えると相当古いもののはずなのに、これほどまでに綺麗な状態で見られるのは驚くべきことだろう。

石室の天井には、円形の中国式天文図が描かれている。天の赤道や、太陽の通り道である黄道のほか、北斗七星など中国式の星座が配置されている。本格的な中国式星図としては現存する世界最古の例なのだとか。

十二支についても、動物の頭と人間の体を持つ獣頭人身の壁画で、中国風の衣服を着用している点がユニークだ。古代中国では柩の周りに十二支の人形（俑《よう》と呼ばれる）を置くのがならわしとなっていた。葬られた人の魂を邪悪なものから守るためのものだが、キトラ古墳では俑の代わりに壁画として描かれている。

と、ここまで見てきたところで気になったことがあった。

「そういえば、この古墳には誰が埋葬されていたんだろう……？」

その答えも四神の館内で紹介されていた。石室からは被葬者の骨と歯が出土しており、分析の結果、五十～六十代の男性ということまで判明しているという。

「へえ、そんなことまで分かるんだ！」

と驚かされると同時に、当時にしては随分と長生きなのだなあという感想も持った。

残された副葬品は金銀を用いた豪華なものばかりであることから、身分の高い人の墓だと見られている。そのものズバリで誰の墓なのか、ということまでは分かっていないが、それはむしろ謎に包まれているほうがロマンがあっていい。


四神の館で公開されているのは四面マルチ高精細映像や原寸大のキトラ古墳石室模型、古代飛鳥の暮らしを再現したジオラマ模型、古墳の発見から現在に至るまでのドキュメンタリーなどなど。盛りだくさんの内

石室を再現した模型が展示されている。原寸大なのでサイズ感がよく分かる。

最新技術や映像なども駆使して古墳の謎に迫る。工夫された展示で勉強になる。

容と言っていい。アイデアの光る展示をじっくり見学していると、知識欲が満たされていく。これぞ大人の修学旅行だ。

これらはすべて地下一階の展示室にまとまっているが、実は四神の館は一階にも特別展示室が設けられており、そこではなんと壁画の実物も見られるらしい。「らしい」などとあやふやな言い方になってしまったのは、僕自身は見られず終いだったためだ。

壁画実物の公開は不定期で、一月程度と期間を設定する形で行われている。しかも、展示されるのは毎回、四神のうちどれかひとつだけで、持ち回りで順々に変わっていく。二〇一八年の例を紹介すると、五月中旬～六月中旬は東壁の青龍を、一月空けて七月下旬～八月中旬に南壁の朱雀が公開されていた。

見学自体は無料ながら、事前申込制で各日七百名程度と定員数が決まっている。説明書きによると、通路からガラス越しに見られるようだ。可能であれば、ぜひ公開に合わせて訪れたい。自分は残念ながらタイミングを逃してしまった。

四神の館を出て、五分ぐらい歩いたところに築造時の大きさに復元されたキトラ古墳が見られるので、帰り際に立ち寄った。二段の墳丘は下段の直径が十三・八メートル、上

築造時の姿に復元された高松塚古墳。周辺は整備された公園のような雰囲気。

段の直径が九・四メートル。飛鳥時代には「薄葬化」が進んだことで、古墳もそれ以前のものと比べて小さくなった。仁徳天皇陵（大仙古墳）などと比べると明らかに小規模だ。

そのことは続いて訪れた「高松塚古墳」でも感じた。小高い丘の上に立つ古墳の外観は両者とも似通って見える。キトラ古墳は日本で二番目に発見された大陸風の壁画古墳と言われる。では、一番はどこなのかというと高松塚古墳である。いまのところ三番目はない。せっかくなので二つの古墳をセットで巡るのがオススメだ。

「鬼の雪隠」と言われるが、正体は古墳の石室の一部。そばには「鬼の俎」も。

ちなみに最初に訪れたせいもあるかもしれないが、正直なところ自分としてはキトラ古墳のほうが見応えがあると感じた。キトラ古墳は四神の館も含め見学が無料だったが、高松塚壁画館は有料である。その割には高松塚壁画館は展示内容が少なく、しかも館内の撮影が不可だという。展示されている壁画はすべてレプリカで、キトラ古墳のように壁画の実物が見られたりもしない。

高松塚古墳のあとは、蘇我馬子の墓ではないかとも言われている有名な「石舞台古墳」なども観に行ったが、こちらは修学旅行生でほぼ占拠状態で、一般客は近づきがたい雰囲気だったので早々に退散。ほかにも「鬼《おに》の雪隠《せっちん》」「鬼の俎《まないた》」「亀石」など時間の許す限り飛鳥に点在する名所旧跡を巡った。

今回は車で行ったが、それら観光地は駐車場の台数が少なくて停めるのに少し苦労したことも最後に書いておく。レンタサイクルで巡っている人もよく見かけた。飛鳥駅で借りられるようなので、自転車で旅するのも良さそうだ。

38

キトラ古墳壁画体験館・四神の館

住所
奈良県高市郡
明日香村阿部山67

開館時間
3月～11月／
9時30分～17時
12月～2月／
9時30分～16時30分

料金
無料

電話
0744-54-5105

駐車場
有（62台）

アクセス
近鉄吉野線 壺阪山駅
から徒歩15分

京都府福知山市大江町

39

日本《にほん》の鬼《おに》の交流《こうりゅう》博物館《はくぶつかん》

酒呑童子などの鬼伝説が残る大江山の麓に建てられた、鬼をテーマにした博物館。全国各地のおどろおどろしい鬼面がズラリと並ぶ光景はちょっぴり怖いが、地域性や民俗芸能を比較するのが楽しい。国内だけでなく、海外の鬼も扱う。

●住所：京都府福知山市大江町仏性寺909
●電話：0773-56-1996
●開館時間：9時～17時（最終入館16時30分）
●休館日：月曜（祝日の場合は翌日）
●料金：320円　●駐車場：有（無料駐車場30台）
●アクセス：丹鉄大江駅からバス18分

兵庫県伊丹市

40

伊《い》丹《たみ》市《し》昆《こん》虫《ちゅう》館《かん》

　カブトムシやクワガタといった昆虫の生態について展示。子ども連れが多いが、大人も童心に返った気持ちで楽しめる。目玉は2018年３月に改修工事を終えたばかりのチョウ温室。1000羽もの美しい蝶がヒラヒラと舞い、楽園のような世界に。

●住所：兵庫県伊丹市昆陽池3-1昆陽池公園内
●開館時間：9時30分～16時30分（最終入館16時）
●休館日：火曜（祝日の場合は翌日）　●料金：400円
●電話番号：072-785-3582　●駐車場：有
●アクセス：阪急線伊丹駅・JR伊丹駅からバス→徒歩2分

京都府京都市中京区

41

京《きょう》都《と》国《こく》際《さい》マンガミュージアム

マンガの歴史や作り方などを学べる「クールジャパン」な施設。図書館と美術館の機能を併せ持ち、館内に置かれたマンガは読み放題。元は小学校だった建物を改修しており、「学校でマンガを読む」という禁断行為を体験できるのも魅力だ。

●住所：京都府京都市中京区烏丸通御池上ル（元龍池小学校）
●開館時間：10時～18時（最終入館17時30分）
●休館日：水曜（祝日の場合は翌日）
●料金：800円
●電話：075-254-7414
●アクセス：京都市営地下鉄烏丸線・東西線烏丸御池駅から徒歩2分

滋賀県守山市

42

佐《さ》川《がわ》美《び》術《じゅつ》館《かん》

佐川急便が、創業40周年記念事業の一環として琵琶湖畔に開館。切妻造の建物が水庭に浮かぶように佇むさまからしてアート作品のようだ。常設展では、シルクロードを描いた平山郁夫の作品などを収蔵しているのも旅人的には琴線に触れる。

●住所：滋賀県守山市水保町北川2891
●開館時間：9時30分～17時（最終入館16時30分）
●休館日：月曜（祝日の場合は翌日）
●料金：1000円　●電話：077-585-7800　●駐車場：有
●アクセス：JR湖西線堅田駅からバス15分

第6章　城・世界遺産・史跡

43

九《く》度《ど》山《やま》

真田幸村ゆかりの地で武者行列に大歓喜

和歌山県伊都郡
九度山町

列車を降りたら、駅舎が「赤備え」だったからニヤリとした。南海電鉄高野線の九度山駅。掛けられた真紅の陣幕には六文銭のマークがあしらわれている。戦国時代後期武将・真田幸村《ゆきむら》（信繁《のぶしげ》）の家紋だ。

幸村といえば、数多くの戦国武将の中でも屈指の人気を誇る。武将人気ランキングのようなものがあれば、それこそナンバーワンに輝いてもおかしくないぐらいだろう。かくいう僕も子どもの頃から大ファンで、「真田」と聞いただけでソワソワしていてもたってもいられなくなってしまうほどだ。

ハマったきっかけは、十代の頃に読み漁った司馬遼太郎『城塞』や、池波正太郎『真田太平記』などの時代小説だった。敗者の美学のようなものに魅せられたのかもしれな

南海電鉄九度山駅に降り立つと、駅舎からすでに「真田推し」なのに心が浮き立った。

い。幸村は大坂の陣で豊臣方の武将として参戦する。敗色濃厚な中でもあきらめずに徳川の大軍へ果敢に突入し、家康をあと一歩のところまで追い詰めるなど獅子奮迅の活躍を見せる。「日本《ひのもと》一《いち》の兵《つわもの》」として讃えられ、その武勇が語り継がれている。

九度山は幸村と、その父・昌幸《まさゆき》が隠棲生活を送っていたところだ。元々は信州上田を治めていた真田家だが、関ヶ原の合戦で西軍に与したことで流罪となる。高野山に蟄居させられ、その後麓に位置する九度山へ移り住む。そうして、大坂の陣が勃発するまでの十四年間を、幸村はこの地で過ごすのだ。

真田家とのゆかりの深い九度山は、ファンにとって憧れの存在で、いつか訪れたいなあと思っていた。いわば、聖地巡礼の旅である。念願叶ったのは五月のゴールデンウィークのことだった。毎年この時期に「真田まつり」なる祭りが開催されているのだと知って、それはぜひ見てみたいと狙いを定めたのだ。

九度山駅に真田めぐりのパンフレットが置いてあった。それを参考に歩を進める。

「風光明媚なところだなあ」

というのが第一印象だ。分かりやすくいえば、山里の街といった雰囲気。周囲には美しい山並みが望め、橋の下には清流が太陽光を受けてキラキラ輝きながら流れている。おまけに、橋の名前がズバリ「真田橋」だったりして嬉しくなった。

「こういう土地でスローライフなんてのも悪くないけど……」

などと勝手なことも思うのは、きっと現代っ子の発想なのだろう。真田父子は進んで移住したのではないわけで、忸怩《じくじ》たるものがあったに違いない。

最初に向かったのは「真田庵」だ。昌幸・幸村父子が暮らしていた屋敷の跡地で、九度山真田めぐりのハイライトと言っていい。ここは現在、善名称院《ぜんみょうしょういん》という真言宗の寺院になっているのだが、境内に足を踏み入れると、読経の声が聞こえてきて、おやっとなった。本堂の中には大勢の人がいて、手を合わせている。

九度山で生涯を終えた父・昌幸。真田庵の中にある墓地は、立派なたたずまいだ。

ハテ、なんだろうか――と覗いてみて、驚いた。なんと、真田父子の法要を執り行っていたのだ。

幸村の命日については諸説あるが、夏の陣で大坂城が落城したタイミングと考えると、だいたい五月〜六月のこの時期で合っている。とはいえ、一六一五年のことである。境内には「四百回忌碑」なるものまであって、二〇一四年に建てられたとある。四百年も前の故人をいまも大切に偲んでいる事実が興味深い。

屋外にも位牌が置かれ、誰でも参拝できるようになっていたので、自分も焼香をして手を合わせた。なんだか祭りのついでのような形になったが、聖地巡礼という目的からするとこれもまた価値あるイベントだ。

ちなみにここでいう真田父子というのは、幸村、昌幸だけでなく、幸村の子の大助も含めたもののようだ。

真田大助（幸昌《ゆきまさ》）は父と共に大坂へ従軍し、落城時に秀頼と運命を共にする。まだ十代の若さで殉死した彼の生き様を想うと切なくもなる。

一方で、蟄居先のこの地で没した昌幸については、墓地が境内につくられている。九度山町指定文化財にも登録されており、なかなか立派なたたずまいだ。

さらには宝物館もあって、真田家に関する資料が展示されている。九度山滞在中に困窮する家計をやり繰りするために作っていたという、いわゆる「真田紐《ひも》」に関する展示などが目を引いた。入館料三百円が必要で、内容としては比較的小

ミュージアムに入ると、昌幸、幸村、大助の真田三代の像がドーンと現れた。

規模であるが、ファンなら問答無用で抑えておきたいところだ。

続いて訪れたのは「九度山・真田ミュージアム」である。中へ入ると、昌幸、幸村、大助の甲冑姿の像が出迎えてくれた。鹿の角があしらわれたお馴染みの幸村の兜が設置されており、被って記念撮影ができるようになっている。

ミュージアムの展示内容は真田三代の物語を徹底解説するものだ。武田信玄の家臣だった時代から、豊臣家への臣従を経て関ヶ原合戦、大坂の陣へと至るまで時系列に沿って追っていく。入門者向けではあるが、コアなファンにとっても流れをおさらいできるのはなかなか楽しい。

解説をじっくり読んでいると、細

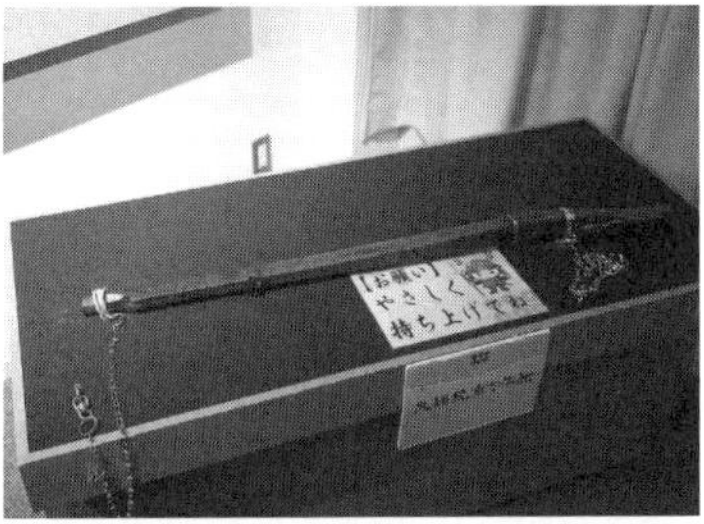

火縄銃の重さを体感できる。想像していた以上にズッシリ重かった。

真田丸を再現したジオラマは迫力たっぷり。立体的に見るとわかりやすいのだ。

かな発見もあった。

たとえば、九度山に隠棲していた幸村を勧誘する際に豊臣秀頼が贈った支度金の額は、現在の貨幣価値に直すと約七億五千万円にも上るのだとか。ものすごい大金だったのだなあとおそれいる。ほかにも真田父子が高野山から九度山へ移り住んだのは、高野山が女人禁制の地で妻子を連れて行くことができなかったからだと知って、なるほどそうだったのかと得心したりもした。

かつて九度山には弘法大師の母親が滞在していたという。高野山へは入れない母親に会うために、大師が月に九度も山を下りてきたというエピソードが地名の由来になっている。母親が寝泊まりしていたという慈《じ》尊《そん》院《いん》は、「女人高野」の愛称を持つ。

これは余談だが、九度山は『あさひなぐ』というマンガ作品の舞台としても近年注目を集めている。高校の薙刀部を描いた青春物語で、これがまた名作である。作中では主人公たちが冬合宿をするのに九度山を訪れるのだ。このときに登場するのが慈尊院で、乳房型の絵馬まで全力で走って帰ってくる「おっぱいダッシュ」はとくに印象的だ。真田とは無関係ながらも、同じ街がまったく別の聖地になっている事実が興味深い。

話をミュージアムに戻すと、武家屋敷をイメージした純和風造りの建物はピカピカで真新しい印象も受けた。この施設、実はオープンしたのが二〇一六年と割と最近なのだ。二〇一六年といえば——そう、NHK大河ドラマで「真田丸」が放送されていた年である。大好きな真田幸村、しかも脚本が三谷幸喜ということもあって、僕自身も全話視聴するほど毎週楽しみにしていたが、近年の大河ドラマの中でも屈指の出来映えと、そして高視聴率だったと言われる。なるほど、ミュージアムは真田ブームの盛り上がりを受けて（あるいは見込んで）オープンした施設と考えると腑に落ちるものはある。

僕が訪れたこのときも、常設展とは別に企画展として「真田丸展」が開催されていた。ドラマで毎回流れていた、赤土で作った横書きの題字「真田丸」が展示されていて懐かしい気持ちになった。放送終了からもう一年以上も経つというのに、いまだに集客力があるのだなあと感心させられる。

さらに話が逸れるが、放送当時は大阪市内にある真田丸（大坂冬の陣の際に幸村が築いた出丸＝砦のようなもの）の跡地や、真田幸村最期の地とされる安居《やすい》神社を訪れたりもした。真田家ゆかりの地といえば、ほかにも長野県上田市などは欠かせないし、探せば全国各地に結構スポットが点在している。ミュージアム内では、それら真田の聖地の紹介コーナーもあり、とても参考になった。

思いのほか長時間の見学となったミュージアムを後にし、いよいよ最大のお目当てである真田まつりへ向かう。会場となっているのは、道の駅柿の郷くどやまだ。広場にステージが設けられ、囲むようにして屋台が出ている。

お腹がへったので、ここでランチとなった。来るまで知らなかったのだが、九度山は柿の産地だそうで、道の駅の名前にもなっている。というわけで、屋台のラインナップの中でもとくに気になった「柿カレーライス」を注文。飲み物は道の駅の売店で「熊野古道麦酒」なる地ビールを買った。どちらも美味いし、グビッとしたら祭り気分がさらに高揚したのだった。

ご飯を食べながらステージ上のパフォーマンスを観覧する。陣太鼓のショーに引き続いて、ステージの上にドカドカと鎧姿の一団が現れた。真田の赤備えを身にまとった武将たちが、これから街を練り歩くのだ。二日間にわたって開催されるこの祭りのハイライト、武者行列の始まりである。

ステージで繰り広げられた陣太鼓のショーに見入る。大きな太鼓にも六文銭の家紋が。

出演者には真田家三代の父子に加えて、真田十勇士の面々が連なっていた。猿《さる》飛《とび》佐《さ》助《すけ》や三《み》好《よし》清《せい》海《かい》入《にゅう》道《どう》など。十勇士十人全員の名前を覚えているのは、自分としては密かに自慢だったりもする。司会者が出演者を一人ずつ紹介していく。昌幸役が上田市長だったり、幸村役が元ＯＳＫ日本歌劇団の女性だったりと、意外な配役なのがおもしろい。大人とは別に、子どもだけの武者行列も行われるようだ。

一通り紹介が終わると、会場がざわめき始めた。行列を一目見ようと、沿道へとみな一斉に移動していく。その人波についていって、写真を撮るのに良さそうなポジションを確保した。

やがて、馬上の人となった武者たちがパッカパッカとやってきた。ブラスバンド部隊の演奏付きと、にぎ

行列を激写する。史実を考慮してなのか、真田昌幸だけ赤備えではなかった。

やかな行進だ。先頭は上田市長……もとい、真田昌幸である。順に幸村、大助、十勇士と続いていく。

メインの行列のほかにも、有志参加と思しき「手作り甲冑隊」というチームが参加していたのだが、これが妙にクオリティが高いのも気になった。衣装が本格的なことに加え、芝居がかった口調で口上を述べたり、法螺貝を吹いたりして主役以上に目立っていた。

行列の行軍は案外速く、あっという間に目の前を通り過ぎていった。

「アレレ、もう……終わり？」

と拍子抜けする。行列はぐるりと街を

一周するようなルートを進み、最終的に真田庵へ向かう予定だ。追いかけたいのはやまだが、徒歩では追いつけないので先回りすることにした。ちょうど九度山駅の真下の交差点付近に、ちょっとした高台があって見晴らしが良さそうだったので待機する。

するとやがて前方から盛大な演奏と共に武者たちがやってきた。行進している通りは「真田のみち」と名付けられており、その看板入りで撮ると狙い澄ましたかのようなアングルの写真になった。これから行く人のために、オススメの撮影スポットとしてこっそり紹介しておきた

出待ちしたのち、騎馬隊が現れた瞬間の感動といったら！ なんだか追っかけのようだ。

い。
行列が過ぎ去った後は、そのまますぐそばの駅へ向かった。田舎町の常で電車の本数は少ないのだが、ちょうど少しだけ待てば次の列車が来るタイミングだったからだ。しかも、やって来た車両がなんと赤備えの真田仕様にラッピングされた特別列車というおまけがついた。特別車両は運行ダイヤが非公開で、乗れるかどうかは完全に運まかせなのだ。我ながら、あまりの幸運に歓喜する。そうして、六文銭が描かれた車両に揺られながら帰路についたのだった。

43

九度山・真田ミュージアム

住所
和歌山県伊都郡九度山町九度山1452-4

料金
500円

開館時間
9時～17時
（最終入館16時30分）

休館日
月・火曜
（祝日の場合は翌平日）

電話
0736-54-2727

駐車場
無

アクセス
南海高野線九度山駅から徒歩10分

44

百舌鳥《もず》・古市古墳群《ふるいちこふんぐん》

未来の世界遺産候補を〝混む前に〟先取り⬇「古墳カレー」

大阪府堺市／羽曳野市／藤井寺市

これを書いているのは二〇一八年七月初旬であるが、遡ること数日前、「長崎と天草地方の潜伏キリシタン関連遺産」が世界遺産へ登録されたという報道を目にした。旅好きとしては大変気になるニュースである。

日本国内の世界遺産はこれで計二十二箇所になったのだという。

「いつの間に、そんなに多くなったのか……」

と、素直に驚かされる。我が国の世界遺産プロジェクトは絶好調で、なんと二〇一三年の富士山以来、六年連続でユネスコの審査を通過し続けている。合格、合格、また合格……といった感じの優等生ぶり。一年に一箇所のペースで世界遺産が増えている。

「百舌鳥・古市古墳群」は、ズバリ次に世界遺産入りが見込まれているスポットだ。順調にいけば、来年（二〇一九年）の夏に登録される予定で準備が進められている。観光地としてブレイクする兆しが見え始めたこのタイミングを見計らって、半日旅で訪れたのだった。要するに、未来の世界遺産の先取りである。

実は「長崎〜」についても、以前に世界遺産入りが濃厚になってきた段階で訪問していた。登録されてからだと混雑必至だし、流行りモノに躍らされているみたいで癪なのも正直なところだ。完全に自己満足ではあるものの、登録前に行くことに意味がある。

正式登録される前の、推薦決定段階で訪れるのは実はかなりオススメなのではないかとも思っている。関係自治体や周辺地域の飲食店などの当事者が、登録を目指して盛り上げまくっているところだから、観光地としての勢いが感じられるのがいい。結果的に得られる体験の質が高まり、訪れる側としても満足度が上がるのだ。

百舌鳥・古市古墳群は、まさにそんな状況下にあるスポットだった。古墳のある堺市へやってくると、「世界遺産」という四文字が書かれた幟《のぼり》があちこちではためいていた。登録へ向けてのメッセージやスローガンのようなものも随所で目にした。

そもそも、百舌鳥・古市古墳群とは何か——。

樹木がこんもりと茂った山のようなところが古墳。鳥居があったりして厳かな雰囲気だ。

四世紀後半から六世紀前半にかけて作られた大型古墳群である。「群」というぐらいだから、複数の古墳をまとめた総称なのだが、中でも代表的存在といえるのが仁徳天皇陵古墳（大仙古墳）である。巨大な前方後円墳を上空から見た写真は、日本人ならきっと誰もが目にしたことがあるほど有名だろう。

僕が最初に向かったのも仁徳天皇陵古墳だった。まずは一番のハイライトから攻めるのは我が旅の必勝法のひとつだ。南海電鉄の堺東《さかいひがし》駅から路線バスに乗って約十分。樹木が生い茂った先に水場が望めた。まるでお城のお堀のような雰囲気なのだなあと理解したのだが、それもまた現地へ来てみて初めてわかったことだ。

仁徳天皇陵古墳の周りには十数基の小さな古墳が築かれ、陪冢《ばいちょう》と呼ばれている。隣接する大仙《だいせん》公園にもま

大仙公園内にある堺市博物館で古墳について知る。仁徳天皇陵と一緒に訪れたい。

た、それらのうちの幾つかが点在する。この大仙公園も百舌鳥・古市古墳群を観光するならば外せないスポットと言えるだろう。

中でも園内に作られた堺市博物館は訪問必須級の重要施設だ。堺の歴史や文化について紹介する施設なのだが、とくに古墳にまつわる展示が充実している。謎の多い古代史だけに、改めて勉強してみると興味深い。

仁徳天皇陵古墳の中には石棺があって、石室の中には黄金の甲冑が安置されていたのだという。博物館ではそのレプリカが展示されていたが、これが精巧な作りで驚かされた。黄金といっても、銅製の鎧や兜に金メッキを施した代物だ。技術的には奈良にある東大寺の大仏と同じ金メッキなのだと知って、よくぞまあ大昔にそれだけの技術力があったものだとさらにビックりさせられたのだった。

展示内容を見て歩くだけでも楽しめるが、博物館では「VR映像体験」にもぜひ参加したい。VRヘッドセットを装着し、古墳群を三百六十度のパノラマで俯瞰できるプログラムだ。撮影にはドローンを使い、さらには3DCGで建造当時の模様を再現。古墳自体はどうしても地上からだと全体像がつかみにくいので、バーチャルとはいえこの目にできる工夫は素晴らしいと感じた。

しかも、ただ映像を眺めるだけでなく、ガイドさんによる説明付きなのがありがたい。短時間ながらも要点が上手くまとまっていて、

「そうそう、こういう話を知りたかったんだよね！」

と、思わず膝を打ちたくなったほどだ。

仁徳天皇陵古墳は世界三大墳墓の一つに数えられる。残りの二つはエジプトのクフ王のピラミッドと、秦の始皇帝陵なのだが、ガイドさんは次のように補足をしてくれた。

「墳丘の面積については仁徳天皇陵古墳が世界一なんです。ピラミッドは高さが世界一で、始皇帝陵は体積が世界一と言われています」

古墳の石室に安置されていたという黄金の甲冑。歴史のロマンを感じる。

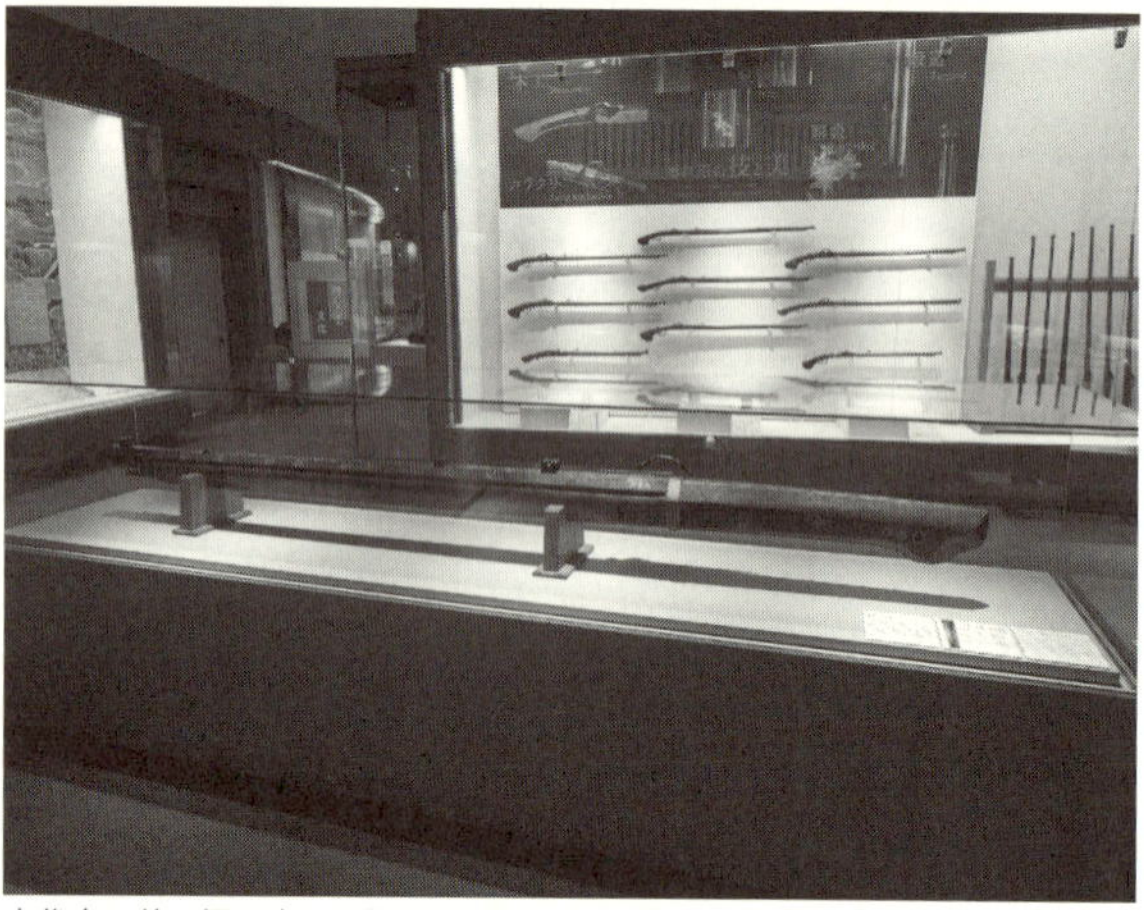
古代史以外の堺の歩みに関する資料も。戦国時代には鉄砲産業が盛んだった。

なるほど、なるほど、と二回も頷いてしまった。VR映像体験は別料金となっているが、個人的にはイチオシと書いておく。

博物館および古墳周辺にはほかにもガイドさんが何人も立っていて、観光客とみると声をかけてくれる。同じ黄色いジャンパーを着ているのですぐにそれと分かる。ガイドはもちろん無料。聞くと、みなさんボランティアだというから頭が下がる。

ほかの観光地ではここまで積極的なボランティアガイドは見かけない。やはり、世界遺産を目指して力を入れているからなのだろうか。

仁徳天皇陵古墳の前で僕にガイドしてくれたのは、とても親切な女性だった。彼女の説明によると、この地が百舌鳥と呼ばれるようになったのは、葬られているとされる仁徳天皇の時代に、倒れた鹿の耳から百舌鳥が飛び立ったという伝承が由来なのだそうだ。ちなみに百舌鳥は大阪府の鳥にも選ばれている。ここではとても偉大な鳥なのだ。

自分は鳥博士などではないから、百舌鳥といわれてもどんな鳥か正直ピンとこないのだが、大仙公園にまさにこのエピソードを再現した像が立っていると聞いて、ついでに立ち寄って見物してみた。仁徳天皇と思しき男性が、左手で鹿の角を握り、右手の平に

像が右手に抱えているのが百舌鳥。鹿の耳から飛び立ったという神話が残る。

鳥を載せている。像を見る限りは、百舌鳥は鳩のような形の鳥だと分かる。

博物館でもらったエリアマップに古墳周辺のグルメ情報が出ていた。ランチはこれを参考に、「お食事処 花茶碗」というレストランへ向かった。大仙公園のすぐそばで、JR阪和線の百舌鳥駅から歩いて五分ぐらいの場所にある。

レストランといっても、民家を改装したようなつくりの店だった。小上がりへ案内され、足を伸ばしてくつろぐと、大阪の友だちの家に遊びに来たかのような居心地の良さを覚えた。応対してくれた女性店主がものすごく気さくなのも印象に残った。

「お客さんはどちらから?」

と訊かれ、東京からと答えると、古墳について色々と教えてくれ、名刺まで頂戴した。世界遺産登録へ向けて活動している民間機関の関係者なのだと分かった。

注文したのは、この店の名物という「古墳カレー（商標登録済）」だった。手作りの器とともに前方後円墳を再現した非常にユニークなカレーだが、見た目のインパクトだけでなく味もしっかりしたものだ。辛さをどうするか問われて、中辛と答えたが結構辛い。

カレールーはお隣、羽曳野《はびきの》市の特産品であるイチジクを使用してフルーティに仕上げたとのこと。そういえば百舌鳥・古市古墳群とあるように、古墳は百舌鳥エリアだけでなく「古市エリア」にも存在するのだが、古市古墳群があるのがまさに羽曳野市と藤井寺市である。

ランチは、花茶碗で「古墳カレー」を味わう。古墳尽くしの旅になった。

堺市役所の展望台から仁徳天皇陵古墳を望む。あいにくこの高さだと全貌までは拝めない。

古市古墳群も気になるところだが、食後はいったん堺東駅へ戻り、駅前にある堺市役所へ向かった。この市役所の二十一階が展望台になっており、古墳を眼下にできると聞いたからだ。市役所内の施設なので入場無料である。

期待を胸にエレベーターで上がる。付近では一際高いビルだけあって、眺望は素晴らしい。遥か遠くにあべのハルカスやUSJなども望めるほどだ。ところが、古墳を見るという目的を果たすにはスペック不足だった。もう少し高ければ……と歯噛みする。古墳の全貌を捉えるには二十一階でも高さが足りないのだ。

「さすがは世界最大の古墳だなあ……」

あまりの巨大さに改めて舌を巻く。先の博物館でVR体験に力を入れていたのも、現実には見られる手段がないから、せめてバーチャルでということなのだろう。
大きさを競い合うようにして作られた古墳には、ときの王様が権力を誇示する目的があったという。その試みは千年以上ものときを経たいまも変わらず有効で、ちっぽけな旅人としてはただただ圧倒されてしまうのだった。

44

百舌鳥・古市古墳群

住所
大阪府堺市内・羽曳野市内・藤井寺市内

電話
06-6210-9742
（百舌鳥・古市古墳群世界文化遺産登録推進本部会議）

アクセス
JR阪和線
三国ヶ丘駅・百舌鳥駅
南海高野線
三国ヶ丘駅
近鉄南大阪線
藤井寺駅・土師ノ里駅・古市駅

45

亀《かめ》山《やま》城《じょう》

桃源郷のように美しい明智光秀の元居城

京都府
亀岡市

亀岡なのに亀山城？――そんな疑問を抱きながらの訪問となった。保津川《ほづがわ》下り、嵯峨《さが》野《の》トロッコ列車、湯の花温泉など京都近郊ではとくに観光的見どころが多い亀岡だが、今回のお目当てはお城である。正式名称は「丹波《たんば》亀山城」。いずれにしろ、地名では「岡」なのに城だと「山」というのはなんだか紛らわしい。

実はこの街は江戸時代以前には亀山と呼ばれていた。それがなぜ亀岡に変わったかというと、三重県にも「亀山」という地名があったからだ。同じ地名が二つあると混同するからという理由で、明治二年に現在の亀岡に改称した。

なお、三重県のほうはそのままの名で残り、現在の亀山市となっている。

「どちらが変えるかで揉めなかったのだろうか……」

京都からJRで亀岡へやってきた。途中の区間、嵯峨野トロッコ列車を利用する手もある。

あれこれ邪推してしまうのだが、そんなわけで城は当時の地名である亀山を冠している、というのが事の経緯である。

亀岡駅までは、京都駅からＪＲの快速電車でわずか二十分。初めてやってきたが、ガラス張りのモダンなデザインの駅舎が目を引く。改札を出てすぐの場所に大きな横断幕が垂れ下がっていて、そこに書かれている内容を見ておやっと唸った。

――二〇二〇年 大河ドラマ「麒麟がくる」明智光秀

えっ、大河ドラマになるの？　いつの間に決まったのだろうか……ノーチェックだったから意表をつかれた。調べてみると、番組制作が正式発表されてからまだ一ヶ月も経っていないと分かった。つい最近決まったばかりだったのだ。

亀岡からの帰り道、京都市内で本能寺にも立ち寄った。境内には信長の廟所がある。

今回のお目当てである亀山城は、まさに光秀が居城としていた城だ。我ながら偶然にしては出来過ぎている。めちゃくちゃタイムリーではないかっ！　と歓喜した。

大河ドラマの主人公になれば、にわかに明智ブームが巻き起こる可能性がある。少なくとも、聖地巡礼をしに亀岡までやって来る人は増えるだろう。本格的に流行る前の、空いているいまのうちにゆっくり見学できるのはアドバンテージだ。

さらには、ドラマが光秀再評価のきっかけにもなるかもしれないなあ、とも思った。明智光秀といえば、一般的な日本人には織田信長を亡き者とした「本能寺の変」とセットで覚えられている。主君に刃を向けた逆臣ということで、負のイメージが強い。

とはいえ、それは現代の我々の立場から振り返ったときの見方にすぎない。当時は下克上が当たり前の戦国時代だ。光秀のような裏切りは別に珍しいことではなかった。

亀山城へ向かう前に、まずは駅から近い亀岡市文化資料館へ立ち寄ったのだが、そこで展示されている資料を読むと、一般的に知られるのとはまた違った光秀像が見えてきて興味深かった。戦国武将でありながらも、茶の湯や連歌に深く通ずるなど教養人でもあった光秀。肖像画からは、秀麗で理知的な外見をしていたとも考えられている。そう聞くと、極悪人のイメージとはかけ離れているようにも思える。

領内では善政を敷いた名君として慕われていたとも言われている。たとえば本能寺の変の後、光秀は丹波および洛中に地子銭《じしせん》を永代免除するという施策を行っている。地子銭というのは、現在の固定資産税に相当するもので、それを免除するということは当時の民からすると歓迎すべき出来事であったと容易に想像できる。

資料館は規模こそこぢんまりとしているが、歴史好きなら少なからず発見があって訪れる価値はあると感じた。個人的に気になったのは、明智関連の史跡として紹介されていた「明智戻り岩」など。毛利と戦う秀吉を救援するために西国へ向かう途中、この岩

亀岡市文化資料館を訪れれば、明智光秀を知る手がかりが得られるはずだ。

から引き返して丹波攻めへ向かったと言い伝えられている。

また、この地を「亀山」と命名したのがそもそも光秀だったという説もあるようだ。一五七五年、信長の命で丹波平定を開始した光秀が、前線基地として築いたのが亀山城だった。それ以前の史料には亀山という記述は見られないという。

そんなこんなで明智について詳しくなったところで、いよいよ亀山城へ向かった。資料館からは歩いてだいたい五分ぐらい。現在は南郷公園となっている堀跡を横目に坂道を少し上ると、やがて城への入口が右手に現れたのだが――。

おほもと——入口脇の看板にはそう平仮名で書かれている。「亀山城趾」あるいは、「丹波亀山城趾」などではなく、「おほもと」である。

ここでひとつ説明をする必要があるだろう。実は亀山城があった場所はいま、私有地なのだ。しかも所有者は宗教法人の大本というから驚いた。そう、「おほもと」とは大本のことである。

なぜ、そんなことになっているのか。明治時代の廃城令を受けて、亀山城の天守は解体されたが、荒れ果てて顧みる者もいなかった廃城を買い取ったのが大本だった。信徒を動員して地面から石を掘り起こし、石垣を復元。樹木を植えるなどして整備し、管理するようになった。現在は「天恩郷」という名前で彼らの聖地となっている。

宗教法人の私有地とはいえ、城址を見学したい一般の人

入口に「おほもと」の看板。亀山城趾を見学する際は、このゲートをくぐって敷地内へ。

向けに公開しているという情報を得てやってきた。普通のお城見学とはだいぶ勝手が違うのだが、だからこそおもしろそうな予感がしたのも正直なところだった。

「おほもと」と書かれた入口の前で、僕はしばし佇立した。見るからに場違いな雰囲気なので、本当に中へ入っていいのか逡巡してしまう。「お城見学の方はこちらへどうぞ」みたいな親切な案内は一切ない。

まあでも、取って喰われるわけもないだろうし、ということで勇気を振り絞って突入する。綺麗に手入れされた小径をしばらく歩くと、左手に大きな建物が現れた。設置された地図で確認すると「みろく会館」というらしい。

参観で来た方はここで受付するようにと書いてあるので、立ち寄ってみる。すると、スタッフの女性が笑顔で応対してくれ、敷地内の詳しい地図をもらった。見どころについての簡単な説明のほか、立入禁止場所についてレクチャーを受けた。ただし話はそれぐらいで、あとは好き勝手に見ていいという。来る前は若干身構えてもいたが、とくに変わった制限などはないと分かってホッとしたのだった。

地図を頼りに歩いて行くと、やがてお城の石垣が現れた。首を倒して見上げるほどの立派な石垣だが、現在残っている石垣の一部は一六一〇年に天下普請で行われた修築の名残だという。よく見ると石の中にはマークが彫られた跡がある。これは普請を担当した大名たちの刻印なのだと、もらった地図に解説が書かれていた。

亀山城趾としての見どころといえば主にこの石垣となるようだが、敷地内のこの空間自体が僕には心に響くものがあった。何より目をみはったのが自然の豊かさだ。青々としたモミジが道の両側から伸び、天然のトンネルのようになっている。ちょうど新緑の時期に来ることになったが、秋の紅葉もきっと格別だろう。まるで桃源郷のような美しさに息を呑んだ。捉え方によっては、聖地ら

石垣の立派さに息をのむ。復元されたものとはいえ、往時の雄姿が偲ばれる。

石垣に使用されている石の中には、普請を担当した大名による刻印が確認できる。

マンガの舞台になった話題店でランチ。歴史の旅なのにハンバーガーというのも案外いい。

しい厳かな雰囲気とも言える。

京都市内の寺社などはどこも観光客でごった返しているが、ここは不気味なほどに閑散としているのもいい。というより、僕以外に誰一人として歩いている人を見かけなかった。敷地面積は二万五千坪もあるというから、人口密度が薄いのも頷ける。

「なんだか、いいところだなあ……」

とにかく、素直にそんな感想を持った。観光スポットとしては間違いなく穴場だ。

お城の見学を終え坂を下るとちょうどお昼時だった。ランチを取るのに向かったのは、「ダイコクバーガー」という店だ。城下町の面影を残すこの街で、橙色をしたポップな外壁の店が目立っている。チェーン系ではない地元密着系のハンバーガー屋である。

ここもまた、亀岡では話題のスポットと言えるだろうか。『こち亀』で知られる秋本治氏が、同作の連載終了後に書いた新作マンガが亀岡を舞台としており、作中にこの店が頻繁に登場するのだ。こち亀といえば場所は東京の亀有だった。亀岡を選んだのは「亀」つながりだろうか、などと想像したりもした。

ほかにも亀岡は近年、「霧のまち」としても絶賛売り出し中である。秋から冬にかけての早朝に霧が見られる確率が高い。雲海テラスならぬ、霧のテラスがあって、絶景が拝めるのだと聞いて興味を覚えた。さらには京都スタジアムも建設中で、こちらも大河ドラマと同じく二〇二〇年にオープン予定。これから益々盛り上がりそうな旅先である。

45

亀山城

住所
京都府亀岡市
荒塚町

電話
0771-22-0691
(JR亀岡駅観光案内所)

駐車場
有

アクセス
JR亀岡駅から
徒歩10分

46

生《いく》野《の》銀《ぎん》山《ざん》

大人の社会科見学で〝会える〟「スーパー地下アイドル」

兵庫県
朝来市

銀山の入口は「生野代官所」という看板を掲げるなど、現役当時を再現したような雰囲気。

「日本のマチュピチュ」などと称され人気を博している竹田城跡へ、だいぶ前に行ったことがある。山の上にそびえ立つ天空の城は確かに絶景だったが、こんな山奥の辺鄙なところに城を建てる意味があるのだろうか、と少し不思議に思ったりもした。歴史を繙いてみると、竹田城は尼子、山名、毛利、織田、豊臣といった名だたる大名たちが争っていた地だと分かり、「なぜこんなところを……」とさらに疑問が深まった。

謎が解けたのは、生野銀山のことを知ったからだ。竹田城からは南に約二十キロ。信長、秀吉、家康がこぞって銀山奉行を置き、江戸時代には佐渡金山、石見銀山と並んで幕府の財源を担うほどの重要な場所だったこの銀山は、当時は竹田城が管轄していたのだという。つまり、この地にはそれだけの利権があったというわけだ。

銀山が開鉱したのは八〇七年。いまから千二百年以上も前のことだ。明治以降は政府直轄の鉱山となり、フランス人技師を招聘するなどして目覚ましい近代化を成し遂げた。

その後、三菱合資会社へ払い下げられ、最盛期には年間平均産銀量約十一トンを誇った。一九七三年に閉山し、翌年には「史跡・生野銀山」として観光客向けに公開されたというから、観光地としても結構古い歴

金香瀬坑を見学。石造りの坑口は、明治初期にフランス人技師により築造されたもの。

史を持つ。

「昔ながらの昭和の観光地って感じかしら……」

　などと失礼なことを想像しながら訪れたのだが、これが意外とそうでもなくて、いい意味で期待を裏切られた。二〇一七年には日本遺産にも認定されたばかりで、むしろ旬の観光地と言えそうなほどである。

　とくにユニークだなあと感じたのが、「GINZAN BOYZ」の存在だ。これは何かというと、超スーパー地下アイドルなのだと公式では説明されている。坑道内では当時の採掘風景を人形で再現しているのだが、その人形たちによって結成され

GINZAN BOYZたちが、当時の坑内での作業風景を紹介。これは「栄作」。

横穴界のスペシャリスト「源太」による狸掘の解説。好物は緑のたぬきなのだとか。

たアイドルグループがGINZAN BOYZである（などという設定になっている）。

人形は全部で六十体もあり、それぞれに名前まで付いているというこだわりぶりだ。入口でメンバー全員の紹介が書かれた資料をもらったので、それを見ながら一人（一体）ずつお顔を拝見していくのが楽しい。サイン入り？　の紹介文もなかなかシュールだ。

たとえば、四番の「飛鳥くん」は、次のように書かれていた。

――生まれた瞬間、父の金槌を持って3歩歩き、「生野銀山唯我独尊」と発言。生まれながらのエリート掘大工だ。さぼってばかりの父（へいくろう）と違って働き者の彼は、

トロッコを運転する「駆くん」。休日は竹田城までドライブするのが趣味らしい。

こちらは「じろふみ」。モブキャラのような人形にもそれぞれちゃんと名前がある。

つぶれた血豆をなめなめ今日も岩を掘り続ける。

よく見るとほかのメンバーは基本みんな呼び捨てなのに、この飛鳥くんはなぜか「くん」付けなのも気になった。ちなみに次の五番は「潮」で、六番は「栄作」という。栄作は妙にイケメンだし、ひとつ飛ばして八番は「コ・シバ」と外国人のような名前になっている。飛鳥くんの説明にあった彼の父「へいくろう」も二十七番にいて、「胃下垂だから太らない」などと謎の説明が書かれていた。いやはや、なんというかもう突っ込みどころだらけなのだが、ぶっ飛びすぎていてこれはこれで愉快だ。

さらには、アイドルグループだけに音楽活動もしている。YouTubeにPVが上がっていたので観てみると、これまた凝ったつくりだ。タイトルは『ギンギラ銀山パラダイス』。曲の良し悪しはともかく、その歌詞からかつて銀山が一攫千金の地であったことは伝わってきた。訪問前に予習するのに視聴しておいて損はない。

生野銀山は国内の鉱山としては屈指の規模を誇る。坑道の総延長が三百五十キロ以上にも達すると聞いて心底驚いた。もう一度書くが、三百五十キロである。想像を絶する長さだ。観光坑道として公開されているのは、そのうちの約一キロとごく一部である。

明治以降の近代的な坑道跡もフォトジェニック。地中をゆく探検隊の気分で。

見学してみてとくに興味深かったのは、江戸時代以前の手掘りで進められた坑道と、明治以降の近代的な坑道の両方が共存していることだ。入口付近は手掘りの坑道で、岩肌にはノミ跡が残っているのが生々しい。一方で、奥へ進むとやがてコンクリでできた内壁が現れ、別の時代のものだと一目で分かる。

坑道内は年間を通じて約十三度に保たれている。ヒンヤリとしているので、真夏に避暑を兼ねて訪れるのもアリかもしれない。そういえば、前述したPVでも「夏は涼しい生野銀山、涼みにおいで」という歌詞になっていた。

秀吉が飲んで、その美味しさを激賞し、茶をたてたという由来から「太閤水」と呼ばれる。

坑内には酒やワインのボトルも置いてあった。洞窟のような空間は熟成させるのにちょうどいいのだろう。水滴がポタポタ垂れている箇所もあり、地面はあちこち水浸しなのでなるべく歩きやすい靴で訪れたい。

また、携帯（ドコモの電波）は圏外だった。見学しているうちに知りたいことが出てきても検索できないのだが、パネルによる解説を熟読するだけでもいい勉強になる。

たとえば、鉱脈は一枚の板を立てたような状態で発見される。それを破砕して順次下に掻き落とす形で採掘を行っていくため、縦型の空洞ができるのだとか。実際にこの目にしながらだから難しい解説もストンと腑に落ちる。

生野銀山で採掘された鉱石は七十種類にも及ぶ。それら実物の一部が併設された生野鉱物館に展示されているので、帰る前に立ち寄るといいだろう。

技術的な説明のほかにも、この仕事がいかに重労働だったかもよく分かった。坑道内では、菜種油をサザエの貝殻に入れて灯りにしていた。作業をする人たちが休憩する模様なども紹介されていた。食事時が一番の楽しみだったという。

「飛鳥くんたちは、大変な仕事をしていたのだなあ……」

と、しみじみ苦労を偲びながら坑道を後にしたのだった。

46

生野銀山

住所

兵庫県朝来市
生野町小野33-5

開館時間

4月～10月／9時～17時30分
11月／9時～17時
12月～2月／9時30分～16時30分
3月／9時30分～17時

定休日

12月～2月のみ
毎週火曜
（祝日の場合は翌日）

料金

900円

電話

079-679-2010

駐車場

有（210台）

アクセス

JR生野駅からバス8分
→徒歩10分

47

篠《ささ》山《やま》城《じょう》大《おお》書《しょ》院《いん》

関ヶ原合戦後に家康が豊臣包囲網を強化するために築いた城。指揮を執ったのは城づくりの名人・藤堂高虎など。天守がない実用性重視の城であるがゆえに、大書院の立派さが余計際立つ。近年は数々の時代劇でロケ地としても引っ張りだこ。

●住所：兵庫県篠山市北新町2-3
●営業時間：9時～17時（最終入館16時30分）
●定休日：月曜（祝祭日の場合は翌日）
●電話：079-552-4500　●駐車場：有（三の丸西駐車場）
●アクセス：JR福知山線篠山口駅からバス15分→徒歩5分

兵庫県朝来《あさご》市

48

神《み》子《こ》畑《ばた》選《せん》鉱《こう》場《じょう》跡《あと》

かつては「不夜城」と呼ばれ、東洋一の規模を誇った選鉱場跡。山の斜面に建てられていたため、引いて眺めると要塞のようにも見える。廃墟ファンに人気があったが、日本遺産に登録されて以来、歴史スポットとしても注目を集めている。

●住所：兵庫県朝来市佐嚢1826-1
●電話：079-677-1165（朝来市あさご観光協会）
●駐車場：有
●アクセス：JR播但線新井駅からタクシー10分

49

カトリック高槻教会《たかつききょうかい》

特徴的なドーム状の屋根の建物は「高山右近記《たかやまうこんき》念聖堂《ねんせいどう》」として親しまれている。キリシタン大名の高山右近は、禁教令により国外追放となっても信仰を守り続けたという。聖堂はゆかりの地である高槻に建てられた。庭には跪《ひざまず》いた右近の石像も。

●住所：大阪府高槻市野見町2-26
●電話：072-675-1472
●駐車場：有（15台）
●アクセス：阪急京都線高槻市駅から徒歩7分

奈良県奈良市柳生町

50

柳生《やぎゅう》の里《さと》・一刀石《いっとうせき》

徳川将軍家の剣術指南役だった柳生家が治めていた里。新陰流を広めた宗厳《むねよし》（石舟斎）が、天狗との試合の際に一刀で真っ二つにしたという巨石は一見の価値あり。資料館になっている家老屋敷は作家・山岡荘八氏が一時期所有していたもの。

●住所：奈良県奈良市柳生町155-1（柳生観光協会）
●電話：0742-94-0002
●駐車場：有
●アクセス：JR奈良駅よりバス50分

第7章　半日旅の心得

ドドンと勢いよく旅しよう!

そもそも、半日旅の定義とは何だろうか?

一日の半分だからと、「十二時間以内の旅」などと単純に表現してもいいが、厳密に時間で区切るのもなんだか違う気がする。情緒に欠けるというか、正直あまりおもしろくない。

そこで本書では、勝手ながら次のように定義づけることにした。

半日旅=思い立ってすぐに実行できる旅

旅は行きたいときが行きどきである。前もって計画を立て、用意周到に準備をするよりも、気持ちが盛り上がっているうちにサクッと行ってしまうほうがいいのではないか、というのが我が持論である。

大事なのは勢いだ。イキオイとカタカナで書いたほうが、さらに気分は伝わるかもしれない。ドドン！　と旅してしまう。もちろんダダン！　でも、ババン！　でも、何でもいい。とにかく高いテンションのまま旅モードへ突入する。これぞ旅を心から楽しむための秘訣である。

出発までのタイムラグが長ければ長いほど、熱は冷めてしまうものだが、この点は半日旅ならば心配無用だ。なにせ、発案してすぐに、極端な話、その日のうちにでももう実現可能である。行きたいなあと思った次の瞬間には、家を出る用意をすればいい。

突如思い立っただけに、良くも悪くもいい加減な旅になりがちなのは確かだが、それもまた醍醐味だ。むしろ、なりゆきに任せたほうが上手くいく。

出発した途端に雨が降ってきたり、駅へ着いたら事故で電車が止まっていたり、なんてちょっとしたハプニングに見舞われることもあるだろう。

それらもまた一興である。何か起きてもスパッと気持ちを切り替える。場合によっては目的地をその場で変更するのもアリだ。何か月も前から計画してきた旅とは違い、半日旅ならばたとえ失敗してもあきらめがつく。

とにかく本能のまま旅するべし。フットワークは軽ければ軽いほどいい。

優先すべきは時間や効率

日本は電車などの公共交通が時間に正確である。よく言われることだが、外国を旅してみるとその通りだなあと腑に落ちるものがある。

たかだか数分遅れただけで、

「お急ぎのところご迷惑をおかけして申し訳ございません」

などと、いちいち謝罪のアナウンスが流れるような国である。

おまけに大都市近郊は路線網が細かいし、本数も多い。交通インフラの充実ぶりは、半日旅のしやすさに直結する。急にどこかへ行こうと思い立っても、驚くほど簡単に目的地へ辿り着けるのは、素晴らしい環境だなあとしみじみ思う。

週末海外などもそうだが、短期旅行では効率が優先される。限られた時間をフル活用するためには、これは仕方がないことだ。

たとえばスマホの路線検索アプリを思い浮かべてほしい。アプリによって細かい機能は異なるが、大抵は検索結果で「到着時間順」「乗り換え回数の少ない順」「料金の安い順」などに表示を切り替えられるようになっている。

半日旅に限っていえば、調べるのは基本的に「到着時間順」である。

乗り換え回数は少ない方が楽なのは確かだが、そもそも電車の乗り換えすら面倒、などというものぐさな人には向かない種類の旅だと思う。

また、料金は当然安いほうがうれしいわけだが、半日旅ならば多少高くても早く着いた方がいい。お金で時間を買うような行為になるが……まあ、考え方次第だ。それこそ特急や、場合によっては新幹線なども積極的に活用していきたい。

さらにいえば、タクシーも惜しまず利用する。大人の旅なのである。

行き先によっては、到着した駅からバスへの乗り換えが必要なところもある。電車と違ってバスは時間が読みにくいし、本数も限られる。ならば、多少出費がかさんでもタクシーでササッと移動してしまうのもアリではないだろうか。

どういうルートを辿れば、お目当てのスポットへ早く到着できるかを考える。迷ったときは、効率を優先した選択をすると上手くいく。

スマホは半日旅の必須ツール

半日旅で自分がよくやるのは、旅を思い立ったらまずおおまかな行き方だけ調べて家を出てしまう方法だ。そうして最寄り駅に着いて、電車に乗って落ち着いてからあれこれ調べ始める。移動時間を計画時間にあてると効率がいい。

我ながら行き当たりばったりだなあと呆れるが、いざ旅に直面してからの方が情報の収集意欲が高くなるのは確かだ。それにタイムリミットがあるため、ネットをだらだらと見て無駄な時間を過ごさなくて済む利点もある。

この「とりあえず出発してから調べる」スタイルが可能になったのはスマホのおかげだ。電波さえ入れば、どこにいても、移動中であっても常にオンライン状態なのは便利だ。とくに半日旅のような突発型の旅行ではありがたみが大きい。

我が旅はスマホ、およびネットへの依存度がやたらと高いのが特徴である。

具体的にどんな使い方をしているかというと、一番使うのはグーグルマップだろうか。アナログの時代もデジタルの時代も、旅に欠かせないツールとなるとやはり地図が筆頭候補となる。

グーグルマップは初期の頃と比較すると驚くほど進化を遂げた。ただ単に地図を確認するだけでなく、これ自体がひとつのプラットフォームとして機能している。ほかのツールとの連動も当たり前で、たとえばホテルをネットで予約すると、自動的にその場所が記録され、行き方なども素早く表示できる。

スポットを調べるときも、最近ではウェブブラウザではなく、マップ上から直接検索をすることが多い。気になったスポットにはスターを付けていく。いわゆるお気に入り登録のような機能だが、旅を繰り返すうちに地図が星で埋め尽くされていくのが、まるで白地図から自分だけの地図を作るようでなかなか楽しい。

スマホの旅での活用は、それだけで一冊の本になるほどの大きなテーマで、実際に過去に自分もそういう本を書いたことがある。だからキリがないのだが、ここではもうひとつだけ、半日旅ならではの使い方を紹介すると、タクシーの配車アプリも重宝する。

大都市近郊とはいえ、郊外へ出れば出るほど街は閑散としてくる。田舎町であっても、駅前にはタクシーが客待ちしていたりするから行きは心配する必要はないのだが、一方で帰りは要注意である。

流しのタクシーなんてまず走っていない。バスも走っていない、あるいは時間が合わない、といった場合は途方に暮れてしまうのだ。解決策としてはタクシーを呼ぶしかないのだが、タクシー会社に電話をするにも、番号を調べなければならない。ならばアプリで近くの車を呼んでしまった方が早い。

タクシーを呼び寄せると、リアルタイムに情報が更新されていく。

「あと七分で到着します」

見知らぬ土地の路上で独りぼっちで待っている身としては、画面に表示されるそんなメッセージが随分と心強く感じられるものだ。

電車で行くか、車で行くか

ここまでの話は公共交通手段での移動が前提となっているが、もちろん車で行く手もある。マイカーがある人は言うまでもないし、レンタカーやカーシェアリングを活用するのもアリだろう。

我が家の話をするならば、実は家族でお出かけをするときはほぼ百パーセント、車である。いまは小さな子どもがいるからその方が楽というのもあるが、子どもが生まれる前からうちではドライブ旅が基本スタイルだった。

車ならば自分の好きなときに、好きなところへ行ける。途中で気になった場所があれば寄り道もし放題だ。荷物のことを気にしなくていいから、お土産なども気兼ねなく買える。

普段の行楽ならばいいことずくめなのだが、これが半日旅となると状況は変わってくる。車の旅には大きなデメリットがあるからだ。

それはやはり、時間が読めないことである。最大のネックは渋滞問題だろう。とくに週末であれば、道路の混雑は避けられない。目的地までの距離からは想像できないほど時間がかかることだって珍しくない。半日旅のように時間制限がシビアなケースでは、公共交通手段の方が使いやすいのが正直なところなのだ。

本書では各スポットへのアクセス方法も紹介しているが、多くは電車やバスでの行き方について書いている。僕自身がそれら公共交通で訪れているからだ。半日旅のときは一人旅のことも多いため、なおさら公共交通になびいてしまうという裏事情もある。

さらには、当然ながら車だと運転しなければならない。前述したように、半日旅だととりあえず下調べは後回しにして、家を出てしまうことがほとんどだ。ハンドルを握っていなければならないとなると、行きの道中でスマホで情報収集するようなやり方が通用しない。移動時間＝計画時間とするためには公共交通のほうが都合がいいのだ。

もちろん、絶対に公共交通がいいと主張したいわけではない。旅の目的や、そのときどきの気分や状況次第で最適な方法を選択するといいだろう。

電車＋カーシェアが最強

いっそのこと、電車と車を組み合わせる手もある。行けるところまで電車で移動し、最寄り駅から目的地までのアプローチにだけ車を使う。半日旅に限っていえば、これこそが最も効率のいい移動方法と言えるかもしれない。

その際に、活用すべきはカーシェアリングだ。会員登録さえしておけば、日本全国のステーションで簡単に車が借りられる。課金が十五分単位だったりするので、短時間でも気軽に利用できるのもうれしい。

レンタカーではなくカーシェアリングという点がポイントだ。借りるのに煩雑な手続きは不要だし、燃料代込みなので返すときに給油する必要もない。

何よりステーションの数が桁違いだ。大都市ターミナル駅はもちろんのこと、それほど大きな駅でなくても探せば割と見つかる。駅前のコインパーキングの中に設置されているパターンが多く、電車を降りてすぐに車へ乗り換えられるのは超便利だ。もちろん、当日でもスマホのアプリから簡単に予約可能である。

公共交通頼みの旅で最大の弱点ともいえるのが、最寄り駅から目的地までの移動手段だった。地方へ行けば行くほど交通の便は悪くなる。路線バスが出ているとしても本数が非常に少ないし、タクシーだと大抵は割高である。対してカーシェアならば、この弱点を克服できるというわけだ。

さらには車での半日旅の最大のネックである渋滞問題もこの方法でクリアできる。渋滞するのは大抵は都市部や、高速などの幹線道路だったりするからだ。渋滞が予想される区間は電車で突破してしまえばストレスがない。

実は僕自身も最近はこの電車＋カーシェアというスタイルが増えている。使ってみてその利便性やコストパフォーマンスの高さに気がついた。マイカーがあるにもかかわらず、行き先によってはあえてカーシェアを選択するほどだ。

本書に収録した旅でも、積極的にカーシェアを活用している。例を少し紹介すると、千早赤阪村（60ページ）へは近鉄古市駅前、和束の茶畑（152ページ）へはJR宇治駅前のステーションでカーシェアをして移動している。

目的地によっては車がないと明らかに不便な場所もある。効率を重視するならオススメの移動方法と言えるだろう。

天候次第で行き先を柔軟に変える

旅を成功させるためには、臨機応変な現場判断が求められる。それは交通手段に限った話ではない。

たとえば、旅行当日にあいにくの天気に見舞われた場合。朝起きた時点では雨が降っていなくても、下り坂の天気予報ということもある。

雨天でも決行するか否か——。

最終的な判断は旅人各自の価値観によるものの、僕自身は雨の日に屋外のスポットへ行くのは躊躇する。傘をさしながら観光するとなるとモチベーションが落ちるのは正直なところだ。とくに海や山など、自然を目的とした旅ならば、心からは楽しめない可能性が高い。

こういうとき、自分ならサッサとあきらめる。無理して予定通り旅を強行するよりも、この際もう開き直って行き先を変更してしまうのだ。屋内のミュージアムやグルメスポットなど、雨でも楽しめる場所だってたくさんある。

柔軟に対応したいところだ。繰り返しになるが、やはり前もって準備してきた旅ではなく、突発的に思いついた半日旅だからこそ可能な芸当なのだとも言える。

そもそもどこへ行くか、という時点で、あらかじめ候補を複数用意しておくのもセオリーである。僕自身は行きたい場所をリスト化していたりもする。「行きたいリスト」という名で、ネットのクラウド上に保存している。

極端な話、行き先を決めるのは前日や、当日の朝でもいい。リストを眺めながら、その日の天気予報をチェックしつつ、

「今日は奈良だけ晴れているから、奈良へ行こうかな」

などと、作戦を練るわけだ。

選択肢は多いに越したことはない。半日旅をライフワークとするのならば、日頃から行きたい場所を自分なりに整理しておきたいところだ。

いざというときは宿泊する手も

行き当たりばったりの旅は気楽な半面、思い通りにいかないこともままある。列車の本数が少なくて、上手く乗り継ぎできなかったり。家を出るのが遅すぎて、到着したらもう閉園寸前だったり。事前にきちんと計画を立てていれば防げるような間抜けな失敗

ばかりなのだが、それを言い出したら元も子もない。ここまで書いてきたように、半日旅とはそういうものだからだ。

ここはやはり臨機応変に対応すべきである。あまりにも遅くなってしまったなら、予定を変更するのも手だ。行き先によっては、思い切って宿泊するのもアリだろう。半日旅だからといって、必ずしも日帰りにこだわる必要はない。

国内でホテルの当日予約をするときには、ちょっとしたコツがある。個人的に心がけていることと言い換えてもいい。それは何かというと、遅くても午後三時頃までには予約を済ませるということ。

当日予約のニーズ自体は一定数あるようで、スマホで空き状況を見ているといい部屋から順に埋まっていく。どうしようか迷っているうちに、さっきまで表示されていた部屋がなくなってしまった……なんてことも珍しくない。

僕の経験上、午後三時を過ぎると急速に部屋が埋まり始める実感がある。三時というのは、多くの旅館やホテルでチェックインが始まる時刻でもある。決めるなら早ければ早いほどいいのだが、ひとまずの目安とするといいだろう。

とにかく空室さえあれば、スマホでその日の宿も簡単に予約できる。

「いや、でも、着替えがないし……」

と言うなら、道中どこかで調達すればいい。見知らぬ街で服を買う行為もまた新鮮な体験になるかもしれない。偶発的な要素に翻弄されてみるのも旅の醍醐味だ。その方がかえって非日常感を味わえたりもする。

要するに、なりゆきにまかせようということだ。元々無計画な旅なのだから、とことん思いつきで行動するほうが理に適っている。予定調和な旅ほどつまらないものはない。

海外旅行好きが好きな日本旅行

僕の場合、国内旅行を始めたきっかけは海外旅行だった。世界を旅していると、逆に自分が住む国のことが気になってくるのは不思議だ。

海外旅行のときと近い目線で我が国を旅してみると、改めて日本は素晴らしい旅先だなあとしみじみする。歴史のある文化財は豊富だし、四季折々の自然も美しい。食文化は多様だし、工芸品なども地域ごとの特色があって飽きない。

本書で紹介したスポットは、著者である僕の嗜好が百パーセント反映されたセレクションとなっている。なるべく偏らないように心がけたつもりだが、それでもどうしても選び方に傾向のようなものは出てくる。それらの一部は自己分析するならば、次のような表現で言い表すこともできる。

——海外旅行好きが好きな日本旅行

近年は訪日外国人旅行者が急増しているが、彼らの立場になったつもりで旅してみるのもおもしろい。母国という色眼鏡を外し、「ジャパン」という数ある国のひとつとして向き合ってみる。他国と比較するのが必ずしもいいとは思わないものの、相対的に日本の良い点や悪い点が見えてくるのは確かだ。

例を挙げると、サントリー山崎蒸留所（162ページ）や京都国際マンガミュージアム（246ページ）などは、まさにそんな視点で取り上げたスポットと言えるだろうか。両者共に、行ってみたら来客者は日本人よりも外国人のほうがずっと多かった。日本人からすれば当たり前すぎて見過ごしがちな美点も、外国人だからこそ気が付くのではないか。

また、日本にいながらにして異国気分に浸れるような場所も自分好みだ。現地まで足を運ぶ余裕がないときに、とりあえず疑似体験ができるスポット。これも例を紹介すると、太陽公園（82ページ）や大塚国際美術館（218ページ）がまさに該当する。

海外旅行は好きだけど、国内旅行には興味がない（あるいは、興味がなさそう）という人は僕の周りにも案外多い。本書はそういう人たちにこそぜひ読んでいただきたい一冊だったりもする。

芋づる式に次の行き先が決まる

行きたいところへ行く——これがベストである一方で、行きたいところが多すぎて一箇所に絞れない、なんてケースも実際にはあるだろう。逆に行きたいところがとくにない人や、どこでもいいから楽しそうな場所へ行きたい人などもいるかもしれない。迷ったときはどうすればいいか。

旅先の選定方法について、僕自身が重視していることを紹介する。

それは何かというと、物語性である。

以前に北海道へ「さっぽろ雪まつり」を観に行ったときのことだ。とくに印象に残ったのは沖縄ブースだった。会場内では雪像以外にもさまざまな出展があって、企業や自治体などが各々のブースを出している。沖縄ブースというのはそのうちのひとつで、沖縄県が沖縄観光をPRするために出展していたものだ。

雪まつりが行われるのは屋外だが、真冬の北海道は尋常じゃない寒さである。ブルブル震えながら屋外で雪と戯れているときに、暖かい南国＝沖縄が目の前に現れると、狂おしいまでに愛おしく思えてくるのだ。

中に入ってみたら、ミス沖縄の美女がマンツーマンで案内をしてくれた。パンフレットを一式渡してくれて、一緒に記念写真も撮ってくれた。そのまま会話の流れで、なんとなく聞いてみたのだ。

「沖縄の離島だと、どこがおもしろいですか？」

「そうですねえ、これからの季節だと伊江島はいいですよ」

伊江島は沖縄本島北西部近くに浮かぶ島である。美ら海水族館からも島影を遠くに望める。なんでも、春になると百合の花が咲き乱れるのだという。

この話をしてから約一ヶ月後、僕は伊江島に足を踏み入れていた。きっかけはもちろん、雪まつりのその一件である。興味を覚えたので、そのまま勢いで訪れてみたわけだ。物語性というのは、つまりはこういうことだ。

ただ漠然と旅をするのではなく、次の旅へと続くとっかかりを見つけられると深みが増してくる。旅を別の旅へ関連付けていくようなやり方である。

北海道から沖縄というのは極端な例だが、もちろん半日旅でも同様のやり方が通用する。エリアが限定されるぶん、むしろ繋がりが生じやすかったりもする。

きっかけは些細なことでいい。たとえば列車の駅も情報の宝庫だ。置いてあるパンフレットや、構内に貼られたポスターなどから次の旅のヒントが得られたりもする。あるいは路線図を眺めているうちに、とっておきのアイデアが思い浮かぶかもしれない。

どこかを旅することで、新たな旅のきっかけが生まれる。そうして芋づる式にどんどん繋がっていく。しつこいようだが、やはり自然な流れに身を任せるのがいい。

最新スポットよりも最旬スポットへ

僕自身が東京からのプチ移住者ということで、つい比較の目線で接してしまうのだが、関西のほうが自然が豊かだなあという印象を持つ。いや、単に豊かということではなく、「自然が近い」と表現したほうがいいかもしれない。

たとえば大阪駅直結のグランフロントというビルに上ったら、街をぐるりと囲むようにして山並みが望める。これが東京駅だとあんな風に間近に山は見えない。大阪だけでなく、京都や神戸も同様に街の中心部からすぐ見える距離に山々が連なっている。

近くに見えるということは、すぐに辿り着けることを意味する。時間の限られた半日旅でも行きやすいのはありがたい。

歴史系スポットの充実ぶりも関西ならではと言えるだろう。「日本最古」「〜発祥の地」といったコピーを頻繁に目にする。教科書レベルの名所旧跡がそこらじゅうにゴロゴロしている。逆に関東の歴史の浅さを痛感するほどだ。

本書では「城・世界遺産・史跡」として章を設けているが、補足するならば世界遺産だけでなく「日本遺産」にも注目したい。これは二〇一五年に始まった新制度で、文化庁が認定するものだ。誰もが知っている有名観光地というよりも、知る人ぞ知る穴場のようなところが中心なので、旅先選びの参考になる。

旅先にも流行り廃りのようなものはあって、行き先を比較検討する際に影響力を持つ。「過疎っている」場所よりも、活気のあるところの方が気になるのは正直なところだ。とはいえ、新しければいいというものでもない。

個人的に意識しているのは、最新スポットではなく最旬スポットである。イベントに参加するような感覚とも似ている。SNSで友だちが話題にしていたところや、昔ながらの観光地がいまになってブーム再燃と聞くと、俄然興味を覚えたりもする。

自分の中で裏テーマのようなものを設定するのもいいだろう。本来の目的とは別に、ついでに達成したいもの。サブテーマや、おまけ要素と言い換えてもいい。

僕が意識しているのは「食べること」だ。基本的に食いしん坊なので、旅先ではその地の名物料理を味わいたい。行き先の候補を絞りきれないときは、美味しいものにありつけるかどうかもまた一つの判断材料となる。

おまけ要素といっても、それはときには旅のメインテーマにもなり得るものだ。本書でも欲望まみれの旅を随所で紹介している。食べ歩きが楽しいのもまた関西の半日旅の特色と言えるかもしれない。

おわりに

京都に住んでみた!

京都で三十八度を超える猛暑日になったというニュースを見ながらこれを書いている。本書の取材を始めたのは、前作『東京発 半日旅』をリリースした直後だったから昨年の紅葉時期だ。あれから半年以上が経過し、季節は巡っていまや夏真っ盛りである。

続編として関西版を出すことになり、悩んだのが取材方法だった。筆者である僕自身は東京在住である。新幹線や飛行機で遠征するような形で旅することはできるが、スポット数が多いから何度も行くとなると時間も予算も膨大にかかる。

何より、『京阪神発 半日旅』を謳っておきながら東京から出向くのも、なんだか違う気がした。それって反則では?　とも思った。想定される読者は、基本的に関西圏にお住まいの方たちだ。立場が違うとリアリティのない旅になってしまう。

結局どうしたかというと——関西に引っ越してみることにした。住んでしまえば手っ取り早い。というより、ほかに納得がいく方法が思い浮かばなかったのが正直なところだ。

妻に相談すると、一緒に行ってくれるという。そこで、一家全員での引っ越しを決めた。ファミリー向け賃貸物件の空き部屋を探し、車のトランクに家財道具を満載して、まるで夜逃げのような状態で一路西へ向かった。

とはいえ、本格的な移住ではなく、期間限定の「プチ移住」だ。まるで旅の延長のような生活は、実は数年前にも沖縄で体験済みである。

人生二度目のプチ移住先に選んだのは京都だった。当然、大阪や神戸も候補に上がったが、京都に頼りになる友人がいたことや、街としてずっと憧れだったこともあって、最終的にはほとんど自分たちの好みで京都に決定した。

ちなみに場所は左京区の松ケ崎というところ。京都といっても付近は住宅街で、観光地ではないローカルな風情が漂い居心地が良かった。沖縄のときは移住の模様を一冊の本にまとめたので、京都での日々もいずれ機会があれば発表できればと思っている。

関西に住んでみて、戸惑ったのが鉄道の路線網だ。半日旅ではもっぱら公共交通手段に頼ることになるのだが、土地勘のない余所者にはいささか難解と感じた。

とくに分かりにくいのが、私鉄が入り乱れている点だ。複数の異なる鉄道会社の路線が、ほとんど平行するように同じ区間を走っていて、一つの目的地へ辿り着くために選択肢がいくつも存在する。会社によっては、特急にもかかわらず無料で乗車できるというシステムも、すぐには腑に落ちなかった。

ほかにもたとえば、三条京阪駅と京阪の三条駅が違う駅だと知らなくて迷子になったりもした。さらには、その三条京阪駅から出ている電車が、京阪山科駅行きと山科駅行きの二方向へ分岐するという。いやはや、紛らわしいのだ。

ところが、この種の話を関西の友人にすると、猛然と反論されてしまった。

「いやいや、東京のほうが分かりにくいよ」

単に、慣れの問題なのかもしれない。

今回の取材先を選定するにあたっては、そんな関西出身者や在住者の友人たちにもアドバイスを求めた。地元目線での意見の数々は貴重で、ありがたく参考にさせてもらった。この場を借りて改めてお礼を言いたい。

旅の出発地、すなわち自宅がどこにあるかによっても「半日」の感覚は違ってくる。これは、前作『東京発』のとき以上に感じたことだった。京阪神は広いのだ。

メインで取り上げたスポットの二十七箇所を都道府県ごとに整理すると、京都府六箇所、兵庫県六箇所、大阪府三箇所、滋賀県三箇所、奈良県三箇所、和歌山県三箇所、三重県二箇所、徳島県一箇所となっている。

最多は京都と兵庫だが、別に京都に住んだから贔屓したというわけではない。歴史のある街だけに元々の見どころが多いせいもあるだろう。サブで一ページ単位で紹介したスポットまで含めると、兵庫県が単独一位になる。いずれにしろ、とくに意図はなく、本当にたまたまだ。

最後にひとつ補足しておくと、「半日旅の心得」の章は前作の内容を部分的に加筆訂正して収録している。内緒にしておいても案外誰も気がつかない可能性もあるが、こういうのは白黒付けたい性分なので正直に書いておきたい。といっても、まったくそのままというわけではなく、前作にはなかった項目もいくつか加えている。

あと、これも念のため触れておくと、今回もすべてのスポットを自分の足で訪問したうえで原稿に書いている。写真も全部自分が撮ったものだ。

行って書く——当たり前の話なのだが、このスタンスだけは徹底している。

最後に謝辞を。担当編集の内田克弥さんには今回も大変お世話になりました。

「いずれ本当に千葉旅本を！」

などという話を引き続きしていたりするが、次回作ではまた別の地域に出没する可能性もあったりなかったり……？　では、また！

二〇一八年七月十五日　最後は十本指でキーボードを打てました

吉田友和

29. 根来寺（P184）
30. 貴船神社・鞍馬寺（P192）
31. 三千院（P202）
32. 白鬚神社（P203）
33. 天河神社（P204）
34. 生石神社（P205）
35. 海洋堂フィギュアミュージアム
黒壁 龍遊館（P208）
36. 大塚国際美術館（P218）
37. 奇跡の星の植物館（P226）
38. キトラ古墳壁画体験館・
四神の館（P235）
39. 日本の鬼の交流博物館（P244）
40. 伊丹市昆虫館（P245）
41. 京都国際マンガミュージアム（P246）
42. 佐川美術館（P247）
43. 九度山（P250）
44. 百舌鳥・古市古墳群（P263）
45. 亀山城（P274）
46. 生野銀山（P284）
47. 篠山城大書院（P292）
48. 神子畑選鉱場跡（P293）
49. カトリック高槻教会（P294）
50. 柳生の里・一刀石（P295）

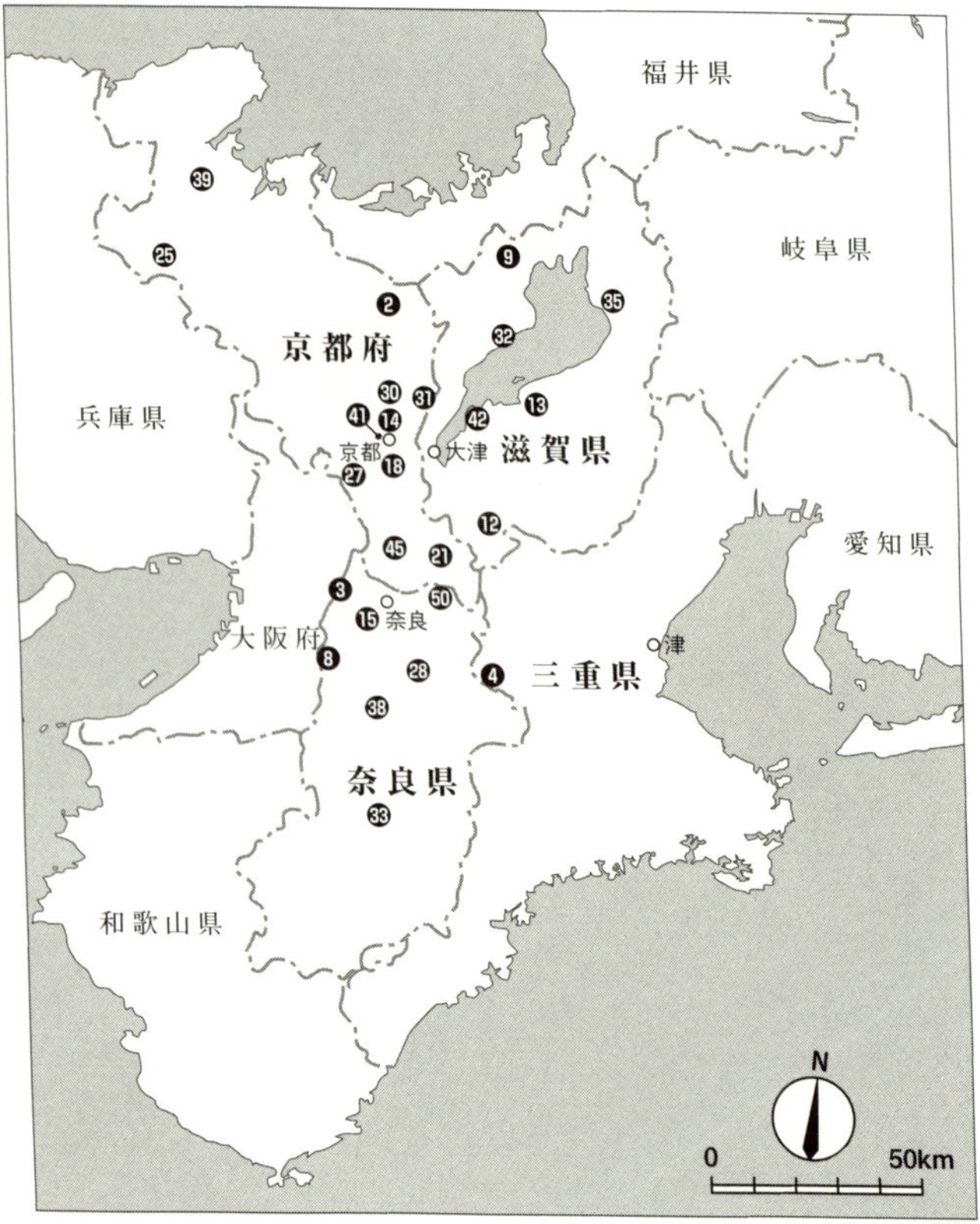

「京阪神発 半日旅」掲載場所一覧地図

1. 友ヶ島（P16）
2. 美山かやぶきの里（P28）
3. 生駒山（P36）
4. 赤目四十八滝（P48）
5. 下赤阪の棚田（P60）
6. 鳴門の渦潮（P68）
7. 白毫寺の九尺藤（P69）
8. 屯鶴峯（P70）
9. メタセコイア並木（P71）
10. 福知山線廃線敷・武田尾温泉（P74）
11. 太陽公園（P82）
12. 長谷園・信楽 陶器市めぐり（P93）
13. 左義長まつり（P104）
14. 船岡温泉（P118）
15. 大和郡山（P119）
16. 太陽の塔（P120）
17. 丹波立杭（P121）
18. 伏見の酒蔵巡り（P124）
19. 出石皿そば（P133）
20. UCCコーヒー博物館（P144）
21. 和束の茶畑（P152）
22. 箕面ビール WAREHOUSE（P161）
23. サントリー山崎蒸溜所（P162）
24. かつめし（P163）
25. 鳥名子の鴨すき（P164）
26. 揖保乃糸資料館 そうめんの里（P165）
27. 地蔵院／かぐや姫御殿（P168）
28. 大神神社〈三輪明神〉（P176）

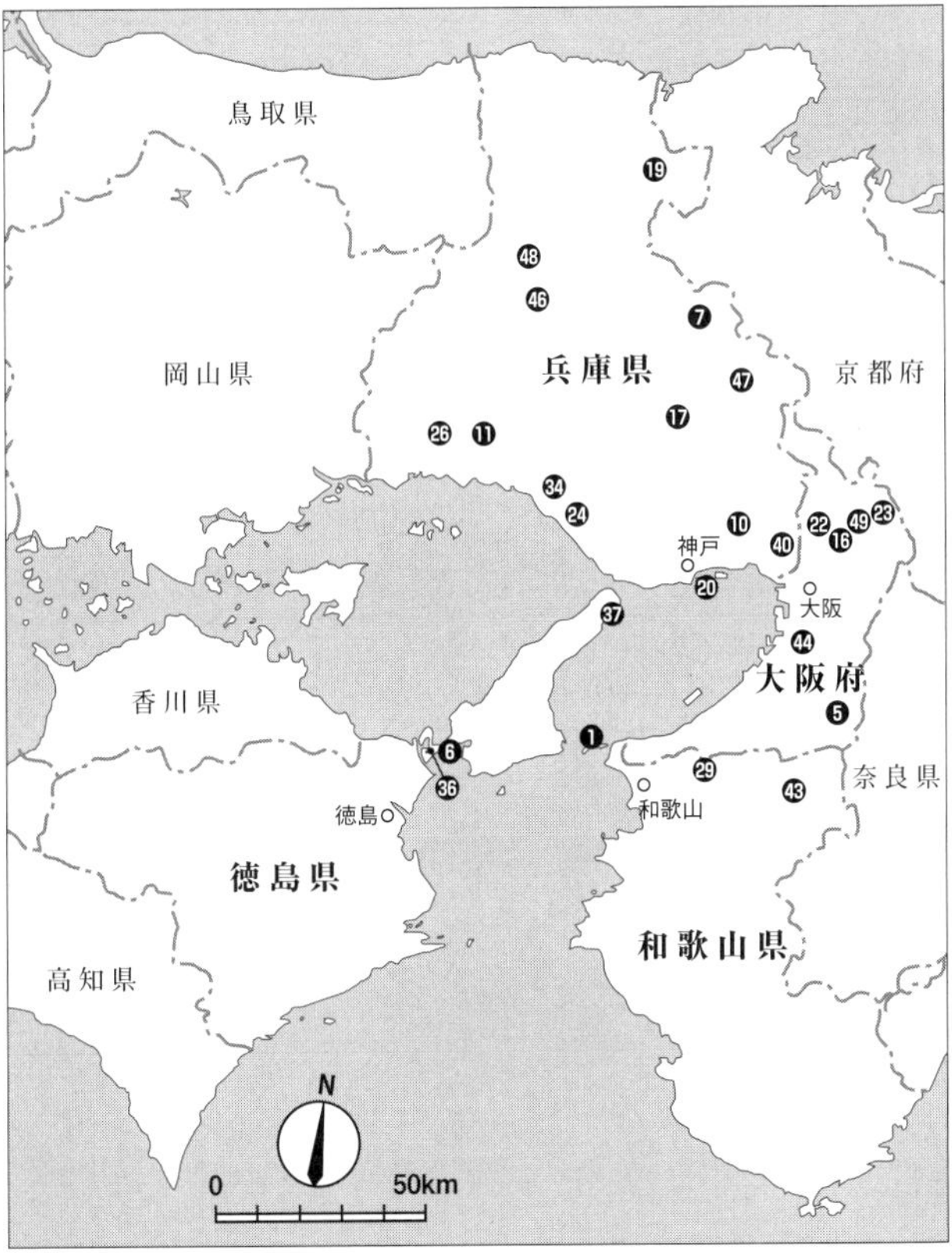

京阪神発 半日旅

著者 吉田友和

2018年9月25日 初版発行

吉田友和（よしだ・ともかず）
1976年千葉県生まれ。出版社勤務を経て、2002年、初海外旅行ながら夫婦で世界一周を敢行。2005年に旅行作家として本格的に活動を開始。国内外を旅しながら執筆活動を行う。ここ数年は、「宿泊を伴わない短い旅ながら、思い出として自分の中に残り、結果的に日々の生活にいい刺激となる」〝半日旅〟にも力を入れている。『3日もあれば海外旅行』『10日もあれば世界一周』（ともに光文社新書）、『世界も驚くニッポン旅行100』（妻・松岡絵里との共著、PHP研究所）をはじめ、滝藤賢一主演でドラマ化もされた『ハノイ発夜行バス、南下してホーチミン』（幻冬舎文庫）など著書多数。

発行者 横内正昭
編集人 内田克弥
発行所 株式会社ワニブックス
〒150-8482
東京都渋谷区恵比寿4-4-9えびす大黒ビル
電話 03-5449-2711（代表）
03-5449-2734（編集部）

カバーデザイン 小口翔平＋岩永香穂（tobufune）
本文・DTP 斎藤 充（クロロス）
地図 千秋社
写真 吉田友和
校正 玄冬書林
編集 内田克弥 中野賢也（ワニブックス）

印刷所 凸版印刷株式会社
製本所 ナショナル製本

ISBN 978-4-8470-6612-2
ワニブックス【PLUS】新書HP http://www.wani-shinsho.com
JASRAC 許諾 1808769-801